Jean Guitton
de l'Académie française

CHAQUE JOUR QUE DIEU FAIT

Entretiens avec Philippe Guyard

BARTILLAT

Avant-propos

Ce livre est la relation fidèle d'une suite d'entretiens que Jean Guitton a bien voulu m'accorder durant presque une année – de décembre 1994 à octobre 1995. Nous avions conçu ces entretiens comme une conversation qui aborderait tous les sujets, des plus simples, des plus « quotidiens » aux plus fondamentaux. Et Jean Guitton s'est expliqué, sur chacun d'entre eux, avec ce mélange de simplicité, de clarté et de rigueur qui le caractérise. Ces *Entretiens* se sont ainsi transformés, grâce à l'orientation que Jean Guitton leur a donnée, en une sorte de guide, de Somme de réflexions et d'expériences, où l'on reconnaîtra tour à tour le philosophe, le chrétien et le témoin capital de son siècle.

Jean Guitton est né avec le siècle, en 1901. Un siècle marqué par les tragédies que nous connaissons, un siècle qu'il ne rejettera pourtant jamais, attentif jusqu'à l'obsession à le comprendre, à l'évaluer, à l'estimer au regard de sa foi. Il y a bien sûr le Guitton « magistral », celui dont la « carrière » ressemble à une suite de succès académiques : normalien, agrégé de philosophie, professeur de philosophie à la Sorbonne, élu à l'Académie française en 1961, seul laïc autorisé par le pape à siéger à la première session du concile de 1962... Le Guitton qui recevra les confidences des papes et des puissants. Puis il y a l'auteur du *Portrait de monsieur Pouget*, de *La Pensée et la guerre*, de *La Vocation de Bergson*, d'*Une mère dans sa vallée* ou de son extraordinaire *Journal*.

En chacun de ces livres – qui forment réellement une œuvre, par le style, l'approche et l'architecture de l'ensemble –, et quel que soit le sujet abordé, on retrouve ce même appétit de comprendre sans faux-fuyants les choses et l'époque, cette même volonté de dévoiler, de retrouver l'essence derrière le phénomène, la vérité au-delà du changeant et du mouvant. L'influence d'un Bergson ou du père Lagrange dont Jean Guitton dresse les portraits dans ces *Entretiens*, le constant refus de « diaboliser » la science et ses applications, la volonté de comprendre le présent tel qu'il est, font de Jean Guitton un cas unique. Unique par sa « modernité » : affirmer en même temps, dans un même mouvement, la nécessité de l'intelligence critique et le respect absolu de la foi chrétienne et de ses dogmes.

A quatre-vingt-quatorze ans, au crépuscule de ce siècle, Jean Guitton est donc bien ce témoin dont la pensée ne peut laisser indifférent tous ceux, croyants ou incroyants, qui s'interrogent sur ce qui les entoure, sur le pourquoi des choses et sur le lendemain. Et ces questions, ce livre ne les aborde pas d'une façon didactique, mais les développe au gré d'une longue conversation. Une conversation qui commence, comme je l'ai indiqué plus haut, par les thèmes les plus « quotidiens » – les enfants, le bonheur, la douleur, la mort... –, par les interrogations les plus simples, celles qu'on se pose tous les jours, les « comment ? » : comment bien élever ses enfants, comment leur apporter une éducation spirituelle, qu'est-ce que la prière, l'humilité, l'esprit de pauvreté, la liberté et l'obéissance ?...

Une conversation qui se poursuit autour des grandes figures qui ont marqué Guitton, Teilhard de Chardin, Marthe Robin ou Camus. A travers ces évocations, Guitton renoue avec les grands thèmes de son œuvre et s'explique sur les problèmes majeurs auxquels notre époque et chacun d'entre nous se trouvent confrontés. Enfin, Jean Guitton a bien voulu, comme une sorte de résumé d'expérience et d'intuition, évoquer diverses facettes de cette question double qui l'aura occupé toute sa vie : nommer ce qui dans le présent est lourd de conséquences pour l'avenir immédiat et, d'autre part – dans le même mouvement –, ce qui relève de l'Eternel.

Philippe Guyard

Première partie

Les travaux et les jours

Une mère dans sa vallée

Vous avez écrit un texte important, Une mère dans sa vallée, *en hommage à cette femme qui avait été votre mère, et qui venait de mourir.*

J'ai beaucoup réfléchi à cela. Tout ce que je vais vous dire sur ma mère tend à montrer qu'elle était unique en son genre, très originale, très singulière. J'ai été élevé par une personne qui ne ressemblait à aucune autre. Pour quelle raison ? Peut-être parce que, presque toujours, un enfant, une fille surtout, passe par une institution sociale qu'on appelle l'école, où les études, la formation sont organisées d'une manière très équilibrée. Quand on est dans une école, on a des camarades, on a des professeurs ; il y a une espèce de hiérarchie qui fait qu'on passe d'une classe à une autre.

Or, ma mère n'a jamais connu l'école. Elle était essentiellement autodidacte. Evidemment tout ce que je suis dans ma quatre-vingt-quinzième année tient en grande partie à ce que j'ai été élevé par une autodidacte. Elle s'était formée elle-même par elle-même, en dehors des classes, en dehors des cours, en dehors des maisons d'éducation. Elle est vraiment le type de personne qui n'a eu d'autre maître qu'elle-même.

Et sa propre mère ?

Sa mère était élevée comme l'étaient les jeunes filles de l'époque. Ma mère n'a pas subi d'influence, même de sa mère, ce qui est très curieux. Elle ne pouvait apprendre que par elle-même, que d'elle-même. C'est ce qu'avait aimé l'impératrice du Japon, Misiko, qui, à la lecture de ce livre, *Une mère dans sa vallée*, m'a dit : « Votre mère a été élevée comme moi. » Dans un autre livre, *Un siècle, une vie,* je parle de la lettre que l'impératrice m'a écrite au sujet de ma mère [1]. Et quand je songe à elle, à ma mère, me reviennent en mémoire des poèmes, comme ces vers d'Angellier qu'elle aimait :

Les caresses des yeux sont les plus adorables ;
Elles apportent l'âme aux limites de l'être...

D'autres vers aussi, d'autres auteurs...

Dans ce livre que vous avez écrit à la mémoire de votre mère, vous rendez hommage, en quelque sorte, à l'idéal que vous vous faites de toutes les mères du monde. Je vous cite : « Mon désir serait que ce livre qui tente de fixer une personne unique, soit accueilli par divers esprits et traduit en plusieurs langues, jusqu'à l'Orient mystérieux où Pearl Buck nous a révélé le message des mères si identique à travers les races humaines. Je voudrais que plusieurs fils et plusieurs mères y retrouvent le lien qui les unit. »

1. « Le plus grand de tous les biens est, me semble-t-il, l'unification de la chair et de l'esprit dans notre présence intime et dans notre esprit, unification de ce que nous reconnaissons et comprenons, et de ceux qui aiment, adorent, et se fait dans un certain mystère » écrit la princesse Misiko à Jean Guitton qui conclut : « On ne pouvait mieux exprimer ce que j'avais tenté. »

Si ma mère devait rappeler un type de mères, c'est à celles du XVIIIe siècle que je me référerais. Mais, en un certain sens, comme c'était un exemple à suivre, un parangon, j'ai eu l'idée sous-jacente, secrète, discrète, cachée, quand j'ai écrit ce livre, de présenter ma mère comme un modèle idéal pour toutes les mères. Aussi mon livre sur elle a-t-il été traduit en japonais, et dans plusieurs langues asiatiques.

Aimait-elle lire ?

Non seulement ma mère aimait lire, mais chose curieuse, elle ne s'est vraiment formée que par la lecture, puisqu'elle n'a jamais eu de professeur et qu'elle était autodidacte. Autodidacte, cela veut dire qu'elle ne se formait que par les livres. Or, son père était un magistrat très cultivé. Tout Voltaire, tout Bossuet, tout Fénelon ornaient sa bibliothèque. Ma mère les avait à portée de la main.

Votre mère aimait la lecture solitaire des Testaments. D'où venait son attrait, en particulier, pour les Livres des Sages ?

Ma mère vivait à une époque où la lecture de la Bible, dans son texte intégral, était interdite et avec raison : si l'on se mettait à lire l'Ancien Testament, on trouverait des choses incompréhensibles, bizarres, étranges. Comment les expliquer aux enfants ? On ne s'en sortirait pas. La bonne méthode qu'avait l'Eglise, depuis des siècles, consistait à choisir, dans l'Ancien Testament, les passages les moins scandaleux, les plus édifiants et à les traduire. Les Livres des Sages, notamment le Livre des Proverbes, l'Ecclésiaste, même le Cantique des Cantiques, ma mère les connaissait, par des extraits. En particulier, elle avait à sa disposition ce qu'on appelait les quinzaines de Pâques, des livres dans lesquels les offices d'avant Pâques et d'après Pâques étaient imprimés. Elle avait dans toutes ces lectures un point de vue intéressant sur la Bible.

Quelle a été l'influence de votre mère sur votre foi ?

Capitale, unique en son genre. Une foi, très différente de la foi d'autres catholiques qui ont été élevés chez les prêtres. Moi qui n'ai eu comme professeur de religion que ma mère, j'ai, encore maintenant, une manière d'adhérer à l'Eglise catholique, aux sacrements, à Dieu, différente de celle de nombre de contemporains. Ma mère, ma mère seule, m'a formé du point de vue de la foi, pour une raison très claire : en 1905, mes parents ont fait quelque chose de scandaleux : alors que toute ma famille était élevée chez les jésuites, ils m'ont mis à l'école publique. Or Pie X « condamnait » ce genre de conduite.

Mais à la maison, était-elle une sorte de « gardien de la foi » ?

Pas le moins du monde. Mon père et ma mère avaient le sentiment qu'ils étaient des originaux dans l'espèce catholique.

J'ai cependant l'impression, pour ne pas dire la certitude que le contact que vous avez eu, pendant toute votre enfance et votre adolescence, avec votre mère, a été la source de votre foi.

Je crois que c'est vrai : cela résulte de toutes les pages de mon livre, savoir que ma manière d'adhérer à l'Eglise catholique, d'adhérer à Dieu, à mes devoirs est une manière dont les racines tiennent à ma mère. Je pense que l'originalité de ma mère, qu'elle m'a communiquée, s'est manifestée dans toutes mes activités ; et qu'à quatre-vingt-quatorze ans, je me retrouve enfant comme à sept ans.

Cette transmission « maternelle » de la foi n'est-elle pas en grand danger aujourd'hui du fait de ce phénomène nouveau et inquiétant de la déchristianisation des femmes ?

A mon point de vue, le problème de l'éducation des femmes n'a pas été résolu en Europe, ni en France. Ce problème préoccupait déjà Fénelon qui a écrit un livre sur l'éducation des filles, puis après, Bossuet, Monseigneur Dupanloup, et maintenant la plupart de nos évêques. J'ai l'impression que la femme, d'une manière générale, sur cette planète, a été délaissée ; que, comme on l'a dit récemment à Pékin, jusqu'à nos jours, jusqu'à la fin de ce siècle, on ne s'est pas suffisamment préoccupé de l'éducation des filles. Et on arrive au résultat actuel. Je crois que l'éducation des femmes, surtout des femmes chrétiennes, va se développer au XXIe siècle.

Pensez-vous que ce soit le rôle de la mère de donner la foi à son enfant ?

En général, dans les familles chrétiennes, l'éducation religieuse des enfants baptisés, qui est fondamentale, revenait en premier lieu à celle qui avait conçu, porté et mis au monde l'enfant ; cet enfant qui était en quelque sorte un prolongement, une part vivante d'elle-même. C'était la mère qui, dans les temps qui ont précédé notre époque, était la grande et la première et, dans un certain sens, la principale éducatrice. Ceci a changé maintenant. Les enfants naissent de parents très peu croyants. Les relations qu'ils nouent avec leurs camarades à l'école et dans la rue, au cinéma et à la télévision, sont des contacts qui, au lieu de conforter la foi, la pénètrent de doutes. Alors, le problème de l'éducation des enfants que vous me posez est un problème qui va prendre évidemment des nouvelles formes. Et ce sont ces nouvelles formes que nous allons peut-être envisager.

Parmi les règles d'or que votre mère vous a enseignées, j'en ai retenu un certain nombre : d'abord cette pensée de Lacordaire, devenue votre devise, qui magnifie la tolérance : « Je ne cherche pas à convaincre mon adversaire, mais à m'unir à lui dans une vérité plus haute. » Puis celle-ci, votre mère vous disait : « Si tu veux être chrétien, tu as le devoir d'être intelligent. » Cette maxime n'a-t-elle pas guidé toute votre vie ?

Ma mère m'a fait comprendre que si je n'étais pas le premier dans ma classe, je ne pouvais être considéré comme un bon chrétien, un bon catholique. Elle m'a donné, la première, l'idée qui est maintenant naturelle, banale, à savoir que les catholiques ne peuvent se dire catholiques que s'ils sont aussi cultivés que les incroyants. Ma mère m'a donné l'idée, admise de nos jours, que le catholicisme est lié à ce qu'on appelle la culture. En 1905, on n'avait pas la même approche.

Evoquait-elle la notion de « devoir » ?

Certainement. Mais elle m'a surtout précisé que j'avais le devoir d'être intelligent, étant donné que j'étais chrétien. Ce qui m'a réussi parce que cela m'a inquiété, troublé, émoustillé, agacé, quand j'avais sept ans.

A quatre-vingt-quatorze ans, vous semblez avoir gardé cette règle d'or.

C'est vous qui le dites ; je n'en sais rien. L'idée, que la foi était liée à l'intelligence, m'a habité dès l'âge de l'enfance : j'étais élevé dans une institution appelée lycée, dans laquelle je côtoyais des protestants, des juifs, des incroyants, sans arrêt. Alors qu'en général, quand on élève un enfant dans la religion, on le met dans une école où les autres élèves partagent la même foi. C'est l'inverse que l'on a choisi pour moi.

Cette situation ne vous a-t-elle pas, de bonne heure, donné l'idée de l'œcuménisme ?

Oui, bien sûr. Comme je vous l'ai souvent raconté, mon premier ami était un protestant. Il s'appelait Rumeau. Un jour, je lui dis : « Viens-tu à la messe ? » Il me répondit : « Non : je suis protestant. » L'idée, qu'un garçon que j'estimais ne pouvait pas aller communier, m'a paru, à l'âge de sept ans, scandaleuse. Etre séparé d'un ami, pour une question de religion, ne m'a pas semblé juste. J'ai trouvé dans cette anomalie, la source et les racines de l'œcuménisme.

Votre mère disait : « Mariée ou non, une femme a le devoir de cultiver, comme une fin sacrée, sa personnalité. » La condition féminine a bien évolué depuis, notamment dans le domaine du savoir. Autrefois la plupart des mères, des épouses se confinaient dans les tâches domestiques. On a parfois raillé la qualité de ce dévouement. Ne pensez-vous pas que la valeur d'un être humain, homme ou femme, se mesure davantage à ses qualités foncières, ses vertus, qu'à son instruction ?

Il est difficile de vous répondre sur ce point. S'agissant de ma mère, elle avait l'idée qu'une femme avait plus qu'un homme le droit « d'être elle-même » jusqu'au bout. Elle me l'a souvent dit : « Ce que je cherche, c'est ne subir aucune influence. » Elle réfléchissait beaucoup et d'une manière originale ; elle ne copiait personne.

Votre mère avait recopié de nombreux vers où elle devait selon vous, « trouver le tracé d'un programme pour la femme ». Et puis, on trouve ce poème, d'une portée plus générale où l'on peut lire ceci :

Puis un jour s'en aller, sans trop causer d'alarmes
Discrètement mourir, un peu comme on s'endort...

Ce sont des vers de François Porché. Ma mère les aimait beaucoup.

Quelle importance votre mère accordait-elle à l'amitié ? Vous avez parfois des mots durs à l'encontre des amitiés entre femmes. Votre mère avait-elle de véritables amies, elle qui écrivait : « En affection, la durée est chose si rare qu'elle devient un privilège » ?

Ma mère s'est beaucoup intéressée à l'amitié, beaucoup plus qu'à l'amour. Elle était sévère pour l'amour, mais pas pour l'amitié. Elle a toujours cultivé ses amitiés personnelles avec grand soin. Elle m'a donné l'idée que l'amitié, en un certain sens, était supérieure à l'amour : l'amour est passager et reste lié à ce que l'on appelle aujourd'hui la sexualité ; l'amitié, on le voit chez les militaires, par exemple, est liée au courage, à la vie, à la mort.

Je voudrais revenir sur ces mots sévères que vous avez eus sur l'amitié entre femmes.

Ma mère n'était pas favorable aux amitiés entre femmes. Elle a certainement connu des amitiés féminines. Elle pensait que les véritables amitiés étaient rares.

Votre mère se rendait déjà compte de la crise de l'Eglise. Elle écrivait : « Il y aurait bien besoin que quelques moines énergiques et saints viennent épurer les mœurs des catholiques et leur rendre quelque chose de leur primitive ardeur. » Un demi-siècle après, dans le même esprit, Michel de Saint-Pierre confiait à un père jésuite : « Il nous faudrait dix curés d'Ars. » Le religieux rétorquait : « Un seul curé d'Ars suffirait. »

Ma mère ne s'intéressait pas beaucoup au phénomène du curé d'Ars : elle n'a jamais été portée vers l'extraordinaire. Or, dans la vie du curé d'Ars, la pénitence de ce prêtre, sa manière de dire sa messe ou de prêcher, étaient connues de ma mère ; mais elle n'en parlait jamais. Les personnages extraordinaires de l'Eglise n'étaient pas son gibier.

Vers la fin de sa vie, votre mère fut initiée aux grands mystiques. Elle s'y cherche une nourriture. Elle les connaît, comme elle connaissait les auteurs depuis son enfance... Elle avait fait la connaissance d'un mystique franciscain, le père de Mohon, auteur d'un opuscule sur le Don de Sagesse. *Quelle influence eut-il sur votre mère ?*

Ce franciscain a fait lire à ma mère saint Jean de la Croix. On peut dire que, dans les derniers mois de sa vie, elle a été initiée à ce qu'on appelle la véritable mystique. Mais je ne crois pas que le mysticisme l'ait beaucoup impressionnée. Elle avait sa religion à elle.

Sur la « comédie humaine », les rapports de votre mère avec les autres, vous écrivez : « Sur ses relations avec les autres, il est à peine besoin de rappeler que le monde bourgeois, comme l'Enfer de Dante, présente des cercles qui ne se pénètrent pas. Ma mère oubliait ces différences. Elle parlait à tout le monde et de la même manière. » Et vous ajoutez : « Ce n'est point facile. » N'est-ce pas la définition de l'humilité par excellence ?

C'est plutôt la définition de la bonne éducation qui consiste à varier son langage, à ne pas parler à des gens de la campagne comme à des académiciens.

Votre mère avait recopié dans son journal intime, le « Cahier mauve », cette maxime de Sénèque : « Ayons une façon de vivre meilleure que la foule, mais qui ne choque point. » Et pour expliquer ses œuvres charitables, elle écrivait : « J'ai quelquefois la joie de m'occuper des autres, de ceux qui souffrent. Vous savez comment j'ai mesuré de bonne heure le néant des choses de ce monde et ce n'est pas maintenant le moment de les aimer. » Vous ajoutez : « Ma mère aimait les pauvres gens. Elle avait de la compassion, cette compassion de l'âge mûr qui ne procède pas de la valeur, ni de l'élan mais qui naît de l'usage de la vie. »

Toutes les femmes pieuses sont dans le même cas. Elle visitait les pauvres avec une religieuse, sœur Jeanne. Elle était dans la situation d'une femme bourgeoise, habituée à vivre dans un certain luxe, quand elle va dans des milieux non seulement malheureux, mais misérables, où l'on mesure la différence des conditions suivant les classes sociales.

Votre mère prenait un peu le rôle d'Ancelle, de la « servante ».

Ma mère se croyait parente d'Alfred de Vigny par madame Ancelot ; elle s'appelait « Ancelle » quelquefois.

Votre mère disait aussi : « Il faudrait se faire pardonner de donner. »

Ma mère pensait que toutes les fois où l'on faisait un geste de charité dans les milieux bourgeois, c'était un peu par calcul. « Aussi, disait-elle, faut-il bien donner mais ne pas le publier sur la place publique avec des fanfares. » C'est l'idée qui est donnée dans l'Evangile.

Pour elle, le christianisme avait apporté un esprit d'égalité qui devait faire s'évanouir l'esprit de caste ?

Evidemment. Quand on est bourgeois, on se rend bien compte que le christianisme est influencé par la position sociale dans une société où les riches ne sont pas vêtus comme les pauvres. Il est des disparités considérables entre les classes sociales.

Votre mère aimait cette pensée de René Bazin : « Il s'en faut qu'il faille changer le langage ou renoncer aux prévenances quand on vit dans un milieu de moindre instruction. »

C'est la même idée, celle que la véritable éducation consiste à s'adapter à tous les milieux. On retrouve cette idée dans les romans de Bazin : *Les Oberlé, La terre qui meurt.*

Nous parlions de saint Jean de la Croix auquel Jean-Paul II a consacré sa thèse. Il a cette pensée : « Au jour de votre mort vous serez jugé sur l'amour. »

Cette pensée a été dite par bien des mystiques.

Et votre mère, qui réfléchissait beaucoup sur la mort, a écrit : « Si j'avais peur de mourir ce ne serait vraiment pas la peine d'avoir été chrétienne toute ma vie. »

A la fin de sa vie, quand on voyait qu'elle était très malade et qu'elle allait bientôt disparaître, elle me parlait de sa mort prochaine et me disait : « Je suis contente d'être chrétienne. »

Partagez-vous la même impression ?

Non. J'ai l'avis que l'attitude que j'adopte à la fin de ma vie n'est pas typiquement chrétienne : elle pourrait être bouddhiste, japonaise, chinoise. J'ai été frappé à l'écoute du dalaï-lama, quand il est venu à Paris, de l'entendre et de voir un homme très différent de moi, avoir des idées très proches. J'ai alors pensé que les chrétiens n'étaient pas les seuls. Et cette idée-là que la religion est un don multiple, donné à toutes les nations comme le blé qu'on sème, m'est plus présente maintenant. Quand j'avais dix ans, j'avais la certitude que la religion était le propre des catholiques et que ceux qui n'étaient pas catholiques n'avaient guère de religion.

Pourtant, lorsque nous étions enfants, nous savions déjà, qu'avant le christianisme notamment, il y avait eu des peuples profondément religieux. On se projetait sur le passé, comme on le fait, de nos jours, sur le présent.

La presse, la télévision, la culture actuelle nous permettent beaucoup plus, que dans mon enfance, de comparer les attitudes religieuses.

Votre mère avait dit, peu avant sa mort : « Je voudrais que vous essayiez de me faire revivre. » Vous avez, par votre œuvre, donné un sens spirituel à ces paroles que votre mère prenait « au sens vital et physique ».

Ma mère, comme tous les tuberculeux qui mouraient, souffrait d'une espèce d'étouffement. Elle murmurait, désirant un peu d'eau, peut-être : « Je voudrais que vous essayiez de me faire revivre. » Ce mot est dans la bouche de tous les mourants, je l'ai appliqué d'une manière spirituelle, en faisant un livre sur elle. Dans *Lettre à ma mère*, j'ai écrit : « Mère, vous m'avez souvent dit qu'une mère ressemble à Moïse. Elle meurt sans avoir vu la Terre qui lui a été promise. Et un fils, disiez-vous encore doit poursuivre, achever l'œuvre de sa mère, si vite interrompue. Un fils doit tenter de faire ce que sa mère n'a pas fait. Car il peut fouler le sol de la Terre promise. » C'est ce que j'ai tenté de faire...

Vous avez cité ces deux vers :
Per tuas semitas
Duc nos quo tendimus
Par tes voies, Seigneur, conduis-nous là où nous tendons.

Ma mère m'avait assigné que les voies de Dieu ne sont pas les nôtres : que, par conséquent, ce qui m'arrivera dans la vie, m'étonnera très souvent. Car la conduite de Dieu est bizarre, étrange, paradoxale. Elle aimait bien les vers que vous venez de citer :
Per tuas semitas
Duc nos quo tendimus
Ad lucem quem inhabitas
Par tes sentiers, Seigneur, conduis-nous là où nous tendons, à la lumière que tu habites.

Elle s'interrogeait sur le mot eurêka.

Elle avait lu un livre d'Eugène Melchior de Vogüé intitulé *Vangheli*. Dans cette nouvelle, Vogüé transcende le mot *eurêka*. Pour lui, c'est le mot qui, le mieux, caractérise la mort : celui qui meurt peut dire : « J'ai trouvé. »

Une autre pensée de votre mère : « La vie est changée mais elle n'est pas ôtée. »

C'est la traduction de ce que j'ai fait mettre sur sa tombe : « *Vita mutatur non tollitur.* »

Et la perte d'une mère ?

On est lié à sa mère par un lien presque charnel puisqu'on a habité dans son ventre, dans son sein : qu'on est le fruit de ses entrailles. Lorsque meurt la femme qui vous a porté, on a le sentiment d'être arraché à la chair en même temps qu'être arraché au monde. Ce sentiment charnel, je ne l'ai pas éprouvé à la mort de ma mère. J'ai éprouvé au contraire un sentiment spirituel. J'ai suivi le chemin de son corbillard, me disant en moi-même : « Tu es là dans ce corbillard, mais tu n'y es pas : je vais te faire revivre. » Je trouve que ma mère a beaucoup plus de présence dans mon livre que dans un cimetière. Il est paradoxal de présenter sa mère comme différente des autres mères, alors qu'on a le désir de la comparer avec toutes les mères...

Je voudrais citer pour conclure ce passage de votre Lettre à ma mère *:*

« Après le départ d'un être cher, d'un père, d'une mère, on a l'impression que l'essentiel n'a jamais été dit. Mais un grand amour ne s'exprimera jamais ni dans une lettre ni dans mille paroles. Et dans “la communion des saints”, les différences sont abolies. Les absents habitent en nous, souvent plus présents que les vivants. Et ils nous préparent discrètement à cette vie supérieure où ils nous précèdent. »

La vie, l'amour et le bonheur

Simone Weil a dit un jour : « Vivre vraiment, c'est vivre avec joie. » Avez-vous vécu avec joie ?

Simone Weil, je ne l'ai jamais vue, mais je l'ai souvent dessinée d'après des photographies. Elle n'habitait pas loin d'ici, rue Auguste-Comte. Elle ne soignait pas ses toilettes. Son frère, le mathématicien, avait du génie. Elle avait négligé ce qui était physique : toilettes, promenade, etc. Elle est un exemple curieux d'une femme sans corps.

En ce qui me concerne, il faudrait d'abord définir ce qu'on appelle la joie. Le phénomène appelé la joie, n'entre guère dans ma constitution physique. Comme j'ai le corps un peu chétif, je n'ai jamais connu le bonheur physique c'est-à-dire la joie d'être dans un beau corps, dans un bon corps. Je détestais les leçons de gymnastique quand j'avais dix ans. Quand j'étais « sous les drapeaux », je n'ai jamais eu à faire d'effort physique puisque je n'ai jamais été soldat, ni sous-officier. J'ai été nommé sous-lieutenant sans passer par les grades intermédiaires.

Pourtant les officiers font du sport...

Moi, je suis un sous-lieutenant qui n'en a jamais fait : j'ai été nommé sous-lieutenant après l'Ecole normale pour compenser les pertes épouvantables qu'avaient connues les promotions pendant la Grande Guerre.

Vous auriez préféré avoir un corps d'Apollon, faire du sport. Cela dit, vous avez eu un esprit sain dans un corps sain, et sans faire d'effort.

Pendant quatre-vingt-dix ans, je n'ai pas été malade souvent. J'ai connu la faim en captivité, puis, après 1945, la fatigue. Mais, jeune dans mon berceau, adulte dans mon lit, je n'ai jamais vu un médecin inquiet.

Vous n'étiez donc pas si chétif. Vous n'étiez pas condamné à ne vivre que quelques jours comme Louis XV ou Hugo à leur naissance.

Quand je suis né, en 1901, personne n'a prononcé de pronostic me concernant du point de vue de la santé, ni de la longévité. Un cocher que j'ai vu après m'a confié qu'il se rappelait bien ma naissance, occasion pour lui de prendre une bonne cuite, ce jour-là. C'est à peu près tout ce que je peux en dire.

Pascal dit pourtant : « La nature nous rendant toujours malheureux en tous états, nos désirs nous figurent un état heureux, parce qu'ils joignent à l'état où nous sommes les plaisirs de l'état où nous ne sommes pas. »

Je n'approuve guère Pascal qui pense que la maladie est l'état naturel, l'état normal.

Pour votre ami, Georges Hourdin, « la vie quotidienne, pour chacun d'entre nous, a quatre forces, quatre dimensions qui se rejoignent et se renforcent.

Elle est comme un cube. Elle est le bonheur d'aimer, le bonheur de travailler, le bonheur de se situer dans la cité pour rendre la vie meilleure à tous, le bonheur de croire enfin... »

Ce que dit Hourdin, c'est ce que disent les catholiques. C'est le bon sens. Pour moi, je distinguerai entre les différents ordres du bonheur. Il est une grande différence par exemple entre le bonheur d'Einstein qui découvrit la relativité et le bonheur d'un type qui se saoule. J'avais lu des études qu'on a faites sur les sept joies de la Vierge. On pense, chez les mystiques, que la Vierge a connu sept douleurs et sept joies. Je connaissais par cœur les sept joies de la Vierge qui se définissaient par sept mots latins différents. Par exemple, *laetitia* qui différait beaucoup de *beatitudo. Laetitia,* c'est la liesse, la joie d'agir. La béatitude, c'est le bonheur de l'âme en tant qu'elle est détachée du corps ; c'est le bonheur du bienheureux dans le ciel. Vous vous rendez compte qu'on peut distinguer, parmi les joies, sept attitudes différentes correspondant à sept mots latins différents. En ce qui me concerne, j'ai bien toujours conçu qu'il fallait distinguer bonheur et bonheur et qu'à l'intérieur du bonheur, on pouvait trouver beaucoup de cas différents. Ainsi dans mon livre *Apprendre à vivre et à penser*, je distingue les différentes sortes de bonheur : j'écris qu'il n'y a pas de synonymes ; toutes les fois qu'il y a deux mots pour indiquer la même chose, il y a deux réalités très différentes.

Un exemple : « On a voulu distinguer l'esprit droit de l'esprit juste. Dans la droiture (qui, lorsqu'elle se raidit un peu, devient rectitude) il y a une allusion à la qualité de la volonté, de l'âme. J'appelle esprit droit celui qui fixe, avant toute autre considération, la règle du juste et de l'injuste et qui ne s'en laisse pas détourner, en quoi il est ferme par surcroît. L'esprit droit s'oppose à l'esprit subtil et alambiqué, à l'esprit maniéré et scrupuleux, à l'esprit fourbe et insincère. On peut se demander quels sont les rapports de la droiture à la justesse. Si l'on m'y forçait, je dirais que Sainte-Beuve et Thibaudet avaient plus de justesse que de droiture, Joseph de Maistre et Bernanos à l'inverse. La droiture est une noblesse, elle s'acquiert de naissance et par héritage, elle ne se modifie pas ; la justesse est plutôt un don de nature qu'on trouve dans le berceau, quoiqu'il se perfectionne par l'usage. Mais la droiture a son défaut, qui est l'intransigeance, tandis qu'on ne voit pas vers quel genre de défaillance peut incliner la justesse d'esprit. »

Se persuader qu'il n'y a jamais deux synonymes aide à bien connaître la langue française. Deux mots entraînent deux idées et deux expériences différentes.

Ne pensez-vous pas que le véritable bonheur puisse exister sans le véritable amour, sans croire en Dieu, sans une relation presque charnelle avec le Créateur ?

Difficile de répondre à une telle question. Que si nous approchons des mystiques, ils disent que le véritable bonheur est de souffrir pour Dieu.

Plus on s'approche de Dieu dans la vie présente, plus on se rend compte de sa propre imperfection.

Oui. Alors, de ce point de vue, on ne sait pas ce qu'il faut désirer. La relation que l'on a avec Dieu (plus on souffre en ce monde, plus on est digne de l'amour de Dieu) ne nous facilite pas la tâche.

Justement, dans notre vie quotidienne, quelle valeur a pour vous un sentiment comme l'amitié ?

Il faut d'abord distinguer l'amitié et l'amour : l'amour a cette particularité de supposer généralement la différence du sexe tandis que dans l'amitié, au contraire, les deux individus appartiennent au même sexe. Il s'agit là d'une différence fondamentale.

Une question que je me suis souvent posée : qui a le plus de beauté, de valeur, de dignité, l'amour ou l'amitié ? Je suis porté à penser qu'il y a dans l'amitié plus de vertus, si l'on peut dire, que dans l'amour ; que l'on fait souvent pour ses amis ce qu'on ne ferait pas pour ses amours. Il en est un exemple fameux : l'amitié de Montaigne pour La Boétie. Ils se sont aimés, quand Montaigne avait vingt ans, La Boétie vingt-cinq ans. Ils étaient très jeunes et Montaigne a écrit le fameux : « Parce que c'était lui, parce que c'était moi. »

Et moi qui ai vécu cinq années de captivité, par conséquent avec des gens du même sexe, j'ai remarqué en causant avec mes camarades, avec ces officiers qui avaient fait la guerre, que souvent ils se seraient fait tuer pour sauver un camarade, alors qu'ils ne l'auraient peut-être pas fait pour une femme. L'amour de l'homme pour l'homme impose des dévouements que n'impose pas une femme, même la plus aimée. Certaines amitiés mythiques entre deux hommes sont célèbres et l'on peut rappeler que la religion chrétienne est fondée sur l'amitié de saint Pierre et de saint Paul.

Que pensez-vous de l'amitié entre femmes ?

C'est une impression, mais je soupçonne qu'une femme n'aime pas une femme. Et puis, tout dépend de l'âge : à quinze ans, à seize ans, naissent de grandes amitiés entre jeunes filles.

Et l'amitié entre un homme et une femme ?

Cela s'appelle « l'amitié amoureuse ». Je considère que « l'amitié amoureuse » est quelque chose de rare, de difficile mais de précieux et de salutaire : c'est une amitié amoureuse qu'ont eue saint François de Sales pour sainte Jeanne de Chantal, saint Vincent de Paul pour Mademoiselle Legras, Lacordaire pour Madame Swetchine. On pourrait citer bien d'autres exemples.

Pensez-vous que l'amour participe du bonheur. Je me réfère encore à Georges Hourdin qui écrit : « Aimer c'est vouloir le bien de l'autre de façon désintéressée. »

C'est la définition de l'amour à la manière de l'Evangile. Mais l'Evangile ou du moins la tradition catholique conseillent d'aimer son prochain comme soi-même : ce qui prouve qu'il faut d'abord s'aimer soi-même. Cela dit, toutes les fois que j'entends, que je lis le mot « amour », je tremble : on met n'importe quoi dans ce mot. Les Anglais ont deux verbes qui désignent le verbe aimer : *to like* ou *to love.* Cela simplifie beaucoup les choses.

Vous avez cependant rédigé de nombreuses pages sur l'amour. Je retiens une d'entre elles où vous écrivez :

« Qu'est-ce que l'amour, encore une fois ? Le mot est beau à prononcer avec ses deux syllabes qui se complètent : la première, qui aspire ; la seconde, qui est un doux épanouissement et où l'on sent confusément la syllabe our, signe de possession. Amour en France est un mot rare, par cette convenance du son et du sens, que les Anglais et les Germains n'ont pas avec leur *love* et leur *liebe*. L'amour est une exaltation calme de la volonté qui s'unit à ce qu'elle désire et qui en jouit par avance. Et il faut remarquer qu'aimer n'est pas avoir : pour aimer, l'éloignement, la privation, la quête incertaine sont favorables. Les grands amoureux de la poésie et de l'histoire ont été plus souvent séparés et ne communicant que par le désir. C'est ce qui fait qu'il entre un peu de souffrance dans la composition de l'amour. Et, même si l'on possède un amour, on veut aller plus loin dans la possession, on souffre de ne pas posséder davantage. Mais il y a aussi dans l'amour une jouissance, comme si ce qu'on désire, on en disposait déjà. C'est pourquoi on ne peut rien faire sans aimer, pas même apprendre une leçon, commencer une recherche, réformer un Etat, labourer un champ, sauver une civilisation, éduquer un petit enfant. Pour faire, il faut dès le commencement se trouver au terme, posséder l'avenir qui n'est pas. Si on laboure un champ, il faut déjà jouir de ce champ, comme si l'on avait fini de le labourer. Si l'on élève un enfant, il faut voir en lui déjà l'homme nouveau. Si on réforme l'Etat, si on sauve la patrie, il faut voir cela, malgré les fatigues et les périls, et comme déjà fait. Plusieurs diront que ce n'est pas l'amour, mais l'espérance, la foi ou l'enthousiasme. Certes, mais l'amour contient toutes ces choses. L'amour s'applique à l'attachement de l'homme et de la femme : là il est incarné, plus sensible, et figuré par les mouvements du sang dans les deux corps. Et on dit aussi qu'on aime l'Italie, la musique, les fleurs, ou "les sombres plaisirs d'un cœur mélancolique". Car cette manière de voir ce qu'on n'a pas, s'applique de proche en proche à tout. »

Vous avez dit tout à l'heure que le concept de l'amitié vous semblait supérieur à celui de l'amour. Or, l'une des finalités du mariage, c'est l'enfant qui naît de l'union de deux êtres qui s'aiment.

Dans l'amitié de deux hommes ou de deux femmes, il n'y a pas de création. En réalité, c'est une espèce d'égoïsme à deux tandis que la destinée du mariage est la procréation et la naissance d'une nouvelle famille. Dans l'amitié de deux êtres, ce n'est pas le cas. C'est pourquoi je mets au-dessus de toutes les amitiés, celles des fondateurs d'ordres religieux tels François de Sales et Jeanne de Chantal, Vincent de Paul et Mademoiselle Legras, comme Rancé à la fin de sa vie.

Et le père de Foucauld ?

D'une manière générale, je me défie des « convertis ». Car se convertir, c'est changer. Qui sait si on ne changera pas encore [1] ?

Pourtant, saint Paul ?

Saint Paul ne s'est pas totalement converti dès le début, il était déjà orienté. Avant saint Paul, on pensait que pour être un bon chrétien, il fallait être un bon juif. Saint Paul a prêché, a exalté l'idée qu'on pouvait être chrétien sans passer par le judaïsme, ce qui était une véritable révolution.

1. Cette remarque de Jean Guitton n'empêche pas l'auteur de rendre un hommage particulier à l'ermite de Tamanrasset quand il écrit dans *Portraits et Circonstances*: « Charles de Foucauld apparaîtra demain comme un des plus spirituels Français de ce siècle et, sans doute, comme un saint. »

Dans cette étude biblique que vous avez faite à l'âge de trente-trois ans, en collaboration avec votre Maître, monsieur Pouget, vous notez, décrivant la scène XII du Cantique des cantiques : « La jeune femme est rendue à son époux. Elle célèbre alors la beauté de l'amour conjugal, exclusif et éternel, qui ne peut ni se dissoudre, ni s'achever. » Ne pensez-vous pas que l'héroïne du Cantique des cantiques, la petite bergère Sulamite, offre l'un des plus beaux exemples de la fidélité par excellence à l'époux, en restant insensible aux avances du roi ?

Si le roi l'avait prise dans son harem, la Sulamite n'aurait pas fait une faute du point de vue de la morale juive d'alors. Malgré les sollicitations du roi, elle est restée fidèle à son époux qui était un berger. Pour la plupart des gens, notamment Renan, le Cantique des cantiques est un drame érotique qui par hasard se trouve dans la Bible. A mes yeux, le sens littéral est un très beau sens.

Le christianisme a-t-il ajouté quelque chose de nouveau à cet exemple de fidélité ?

Evidemment. Avant le christianisme, la polygamie n'était pas condamnée. Avec le christianisme, « celui qui renvoie sa femme pour en prendre une autre commet un adultère ».

J'entends bien, mais dans le Cantique des cantiques, vous avez un exemple précis de fidélité conjugale honoré dans l'Ancien Testament.

Oui, le respect de la fidélité avait commencé trois siècles avant le Christ.

Dans une de vos conversations avec Bergson, au sujet du Cantique des cantiques, vous avez noté qu'il était absolument opposé à Freud pour qui : « Les amours les plus hautes ne font jamais que sublimer les tendances de l'instinct. » Pourriez-vous préciser la pensée de Bergson ?

Bergson disait ceci : « Ce n'est pas la chair qui a commencé, mais l'esprit. Ce n'est pas l'amour charnel qui a commencé, c'est au contraire l'amour divin. Et si les mystiques prennent leurs expressions aux amants terrestres, ils ne font que reprendre leur bien. » Bergson était en désaccord avec Freud. Il pensait que ce qui avait paru d'abord, c'était l'amour conjugal et qu'il s'était dégradé. Pour Bergson, l'amour monogamique, mystique, était à l'origine de tous les amours. Pour Freud, au contraire, c'était une idée à la dérive. Est-ce absolument vrai ? Quand on lit Fénelon, quand on étudie *L'Iliade* et *L'Odyssée,* on sent qu'Homère était sur la voie. C'est pour cela que Racine et les grands auteurs du XVIIe siècle, tels Corneille et Fénelon, ont vénéré les Anciens, les Grecs, comme une espèce d'anticipation du christianisme. Il y a eu dans ce que l'on appelle « le miracle grec » une anticipation du « miracle chrétien ».

On pourrait en effet citer l'exemple de la Pénélope d'Homère. La fidélité ne serait donc pas l'apanage du christianisme. Elle l'aurait précédé.

Dans Homère, Pénélope est un type de fidélité conjugale comparable à ce que l'on voit dans le christianisme. Egalement, Andromaque. C'était en effet comme une anticipation chez les païens de ce qui allait apparaître chez les chrétiens.

Ne croyez-vous pas que dans le propre de l'homme, le fondement même de l'humanité, existait déjà l'idée profonde de la monogamie ?

Oui, la monogamie était tenue pour un idéal, même au temps de Platon ; Platon citait Homère. Quand on lit Homère, on est surpris de l'humanité d'Achille, de Patrocle ; quand on lit Virgile, encore bien davantage d'Enée. Le christianisme existait avant de paraître : sous la forme d'images, de figures et d'annonces.

Quelle est pour vous la valeur de la fidélité dans le mariage ?

Dans ma jeunesse, quand on se faisait prêtre, quand on se mariait, enfin quand on choisissait un état de vie, on avait l'idée que cet état se poursuivrait pendant cinquante ans. Maintenant, on hésite à prêter serment parce que, quand on se marie, on a l'idée que, dans cinquante ans, il faudra vivre avec la même femme. Quand on se fait prêtre à vingt ans, a-t-on la certitude d'avoir la même foi un demi-siècle après ? Notre attitude par rapport à la durée, au temps futur, a changé. Quand j'étais enfant, le temps futur était pareil au temps présent, tandis que, maintenant, on a la certitude que le temps futur sera différent du temps présent et que, par conséquent, toutes les conduites fondées sur le serment vont vaciller. Cela rend la morale de fidélité difficile. Je pense que ce mot de fidélité est un mot clair pour nos parents, obscur pour nos enfants [2]. Alors, le sacrement du mariage apparaît plus

2. Jean Guitton note dans *Portrait du père Lagrange :* « J'ai étudié le développement de l'amour dans la durée, qui devient si tragique à cause de l'allongement de la vie. Le serment est-il toujours éternel dans un monde sujet à tant de mutations ? Le problème de tout amour est de ressusciter sans cesse une première extase : l'idéal serait de recommencer toujours, sans se répéter jamais. Et de retrouver dans le dernier âge de la vie un amour aussi incandescent qu'à son origine. »

beau que jamais [3]. La femme dans le mariage autrefois était la seule à chaque naissance à risquer sa vie. Combien de femmes mouraient en couches dans mon enfance ?

Que pensez-vous de l'indissolubilité du mariage ?

Du point de vue catholique, il a été dit dans l'Evangile – dans saint Paul notamment – que le mariage est indissoluble. L'homme qui renvoie sa femme pour en épouser une autre commet un adultère. Autrement dit, l'indissolubilité du mariage a toujours été considérée par l'Eglise catholique comme la loi. L'Eglise catholique n'a jamais admis le mariage des divorcés. Elle ne sait comment faire avec « les divorcés remariés ». A l'heure actuelle, à cause de la dégradation des mœurs, il y a beaucoup de « divorcés remariés ». On a toujours admis que l'on doit obéir à sa conscience, même si elle se trompe : *« Conscientia erronea ligat. »* Autrement dit, quand on se trompe *de bonne foi*, on est lié par son erreur. Mais, on est responsable de ne pas éclairer sa conscience.

Pourtant, cet amour qui a uni deux êtres, peut-il dans certains cas se réduire au fil du temps, se détruire, disparaître à jamais ?

L'amour absolu a quelque chose d'éternel. La mort, voire la désunion, ne peuvent être que des accidents

3. « Aucun être humain, lorsqu'il est seul, livré à lui-même, ne peut vraiment aimer l'autre, quoique ce soit le commandement. Ainsi, après trente ans de vie conjugale "le goût s'use", comme dit Fénelon, et on ne voit plus dans l'autre qu'un objet de satisfaction ou de déplaisir. Que faire si tous nos amours ne sont jamais que les replis inéluctables de l'amour que nous avons pour nous-mêmes ? Serait-ce donc qu'il est impossible d'aimer ? Mais prend-on des leçons pour respirer ? Comme le souffle, l'amour de l'autre, cet impossible miracle, s'opère en nous à chaque instant. »

de parcours. Quand on veut entrer dans la vie religieuse, soit chez les bénédictins par exemple, ou même chez les prêtres séculiers, il est une période probatoire qui dure quatre, cinq, six ans. Alors, c'est vrai, dans le cas du mariage, on fait la connaissance d'une jeune fille, d'un être que l'on ne connaît pas toujours très bien, et le mariage se fait, parfois un peu vite.

Il est tout de même indéniable que le divorce se développe dans notre pays. On parle d'un mariage sur deux à Paris, un sur trois en province. L'Eglise pourra-t-elle longtemps continuer de refuser cet état de fait ?

Il s'agit d'une question de discipline sur laquelle je ne peux me prononcer. Cette question sera traitée par ce qu'on appelle les canonistes et les autorités épiscopales dans les différents pays de la planète. Evidemment, on trouvera toujours ce phénomène que l'Eglise catholique en tant que telle continuera d'affirmer que le divorce est condamné à la fois par la loi ecclésiastique mais aussi par la loi morale. Mais, en même temps, tandis que l'autorité prendra des mesures de conservation, la pratique pastorale – c'est-à-dire l'application des principes – se fera d'une façon plus large selon les cas particuliers. En résumé, la dogmatique restera sévère, mais la pastorale sera davantage ouverte.

Le divorce n'est pas qu'une séparation entre deux êtres, il est aussi l'éclatement d'une famille. Que pensez-vous de la situation des enfants de parents divorcés ?

C'est une question très complexe, à laquelle il est difficile de répondre d'une manière générale, sinon de dire qu'il y a forcément une souffrance : l'enfant est bien la première victime du divorce. Au-delà de cette constatation, je crois qu'il faut s'attacher aux cas particuliers. Je connais un bon nombre d'enfants qui appartiennent à des familles divorcées, où le père est d'un côté et la mère de l'autre, où ces enfants rendent visite à l'un tel jour et à l'autre tel autre jour, non seulement je les connais, mais je suis très souvent en rapport avec eux. Eh bien, je remarque, je constate qu'ils s'habituent à cette situation, et je suis même surpris de la plasticité de leur tempérament dans des circonstances que je trouverais aberrantes. C'est le constat que j'ai fait, et je vous le livre comme tel ; je suis étonné de voir comment ces enfants s'habituent aussi aisément à cette situation anormale. Je ne dis pas qu'ils la trouvent parfaite, mais ils y conforment leur comportement. La nature humaine est remarquablement plastique. Alors, évidemment, le bien, le mieux ne sont pas là, et je préfère qu'il n'y ait pas divorce, et je souhaite, si une femme quitte son mari, que celui-ci fasse tout pour la reprendre. C'est son devoir. Et il en est de même pour l'épouse délaissée. Mais pour ce qu'il en est des enfants, je ne peux que me répéter et vous dire : voici ce que j'ai constaté.

De l'éducation

Comment parler de la morale, de la prière et du catéchisme aux enfants d'aujourd'hui

Comment faire la part des choses entre la vie de famille et le travail ?

Dans mon enfance, les femmes ne sortaient pas de la maison. Elles s'occupaient du ménage, de la cuisine, de la prière, les hommes seuls avaient un métier. Maintenant c'est différent : les femmes ont un métier. La distribution des tâches entre la famille, d'une part, et le métier, d'autre part, a changé. Qu'en sera-t-il pour l'avenir ?

On va vers l'idée de l'égalité des sexes. On arrivera peut-être dans cent ans à l'idée que le sexe féminin est plus remarquable, plus mystique que le sexe masculin. Et de fait, l'homme ne risque rien dans la naissance, tandis que la femme, à chaque naissance, risque sa vie.

Nous vivons dans une société – cette société que nous proposons et transmettons aux jeunes générations – pour laquelle le travail est devenu une valeur majeure, où chacun en revendique le droit, alors que, en même temps, se répandent les phénomènes de chômage, de précarité, d'« exclusion ».

Le précepte : « Tu gagneras ton pain à la sueur de ton front » n'est pas nouveau. Maintenant, il ne faut pas se cacher la vérité : la société industrielle crée le chômage. Ce problème qui s'est posé depuis longtemps et d'une manière dramatique en Grande-Bretagne est aujourd'hui général : le machinisme engendre nécessairement le chômage. Et l'on peut supposer un machinisme encore plus armé, plus technique, plus affûté qu'aujourd'hui, un machinisme qui poussera huit personnes sur dix hors du travail tel que nous l'entendons couramment. Et une société de ce genre, je la crois très possible et je pense qu'elle peut arriver demain.

Alors, ce sera un peu la fin d'un certain genre de civilisation. Bergson et Teilhard de Chardin ont beaucoup examiné cette situation. Et ils trouvaient tous deux qu'elle pourrait être favorable au mysticisme. Ils concevaient que l'homme, délivré du labeur, du travail manuel, pourrait en profiter pour accomplir d'autres tâches qui ne sont pas non plus sans valeur... Aller dans une église, par exemple, pour prier, aller dans un temple pour s'unir à Dieu.

Mais vous savez, il est probable que l'état que nous connaissons, que cet état durera deux cents ans, et puis après, nous serons dans un autre état. Je ne peux pas prévoir l'avenir. Disons que la situation présente – le travail mis au-dessus de tout, le chômage, le machinisme, les jeunes qui doivent trouver leur place dans cette équation très difficile –, cette situation que nous vivons aujourd'hui m'alarme. Cela m'alarme comme tout ce qui existe. Mais comme je suis perpétuellement alarmé, je suis aussi perpétuellement rassuré. Parce que je vois que, malgré les difficultés et les drames, et depuis des milliers d'années, l'humanité n'a pas cessé de vivre.

Vous avez parlé tout à l'heure du travail féminin, qu'en pensez-vous ?

Je suis étonné et en même temps réjoui de voir que la femme, réellement, pratiquement et dans bien des domaines d'où elle était exclue, devient peu à peu l'égale de l'homme. L'heure de la femme est peut-être arrivée. Et je crois que c'est un bien.

Si pour un jeune, le travail, l'acquisition d'un métier ou d'un savoir est une nécessité, il est d'autres choses plus immatérielles mais tout aussi nécessaires qui doivent lui être transmises. Quelle peut être, à votre avis, l'attitude de la jeunesse devant les exigences de la morale chrétienne ?

Il est difficile de savoir l'attitude de la jeunesse à l'ère de la télévision : les jeunes qui regardent la télévision et, dès l'âge de dix ans, en savent beaucoup plus que leurs parents, leurs éducateurs. De nos jours l'enfant de deux lustres en sait plus sur la sexualité que ses parents ou ses grands-parents. Quand les jeunes nous interrogent, il n'est pas facile à notre époque qui est une époque de décadence et souvent de corruption, de savoir comment il faut répondre à leurs interrogations.

Prenons un exemple ; si un enfant pose la question : « Qu'est-ce que c'est qu'un préservatif, maman ? », de quelle manière sa mère peut-elle répondre ? Souvent, il faut accepter un mal moindre pour éviter un plus grand mal.

Puisque vous abordez le sujet du préservatif, trouvez-vous opportun de distribuer des préservatifs dans des établissements scolaires ?

J'en suis navré. Cependant ceux qui s'occupent de l'éducation des enfants diront que cela vaut mieux que les maladies vénériennes ou le sida.

En agissant de la sorte n'apprend-on pas aux jeunes à banaliser l'amour ?

Evidemment, on le voit bien quand on cause avec des jeunes : ce qu'on appelle l'amour est complètement ignoré des jeunes. C'est un mystère à redécouvrir. Je pense que mes livres, en particulier, aideront la jeunesse de l'an 2020 à redécouvrir ce qu'on a appelé, pendant si longtemps, l'amour.

J'ai observé, tout au long de ma vie, que dans une société où nous ne pouvons pas du tout pratiquer ce qu'est le bien, nous sommes obligés de nous contenter du moindre mal. Alors je ne prétends pas qu'on puisse répondre à toutes les questions délicates que se posent les jeunes, mais je pense qu'il est bon d'avoir à l'esprit ces épreuves peut-être insurmontables.

Vous avez évoqué le sida, et certaines pratiques de prévention comme un exemple de moindre mal. Pendant des siècles, l'humanité a vécu sous la menace des épidémies. On a cru celles-ci éradiquées l'espace de quelques générations. Puis est apparu ce monstre inédit, le sida qui impose et va imposer aux générations nouvelles une menace que leurs parents avaient fini par oublier. On a beaucoup glosé sur cette épidémie, certains y voyant même une forme de punition plus ou moins divine d'une sexualité trop libre ou trop déviante.

Ecoutez, moi, je lis la Bible. Et dans la Bible, je vois que l'homosexualité n'est pas un phénomène nouveau, que cela existait dans les sociétés de Canaan, par exemple, et que Dieu n'était pas si terrible que cela vis-à-vis des phénomènes d'homosexualité. Il demandait seulement qu'il y ait des justes, des repentants, et, quand il y en avait dix sur cent, eh bien, il était content.

Cela étant dit, je m'étonne, moi, de cette façon d'aborder les choses, hétéro – ou homosexualité, sida... Voyez-vous, bien au-delà, cette maladie épouvantable pose la question de l'hérédité du mal. Il est évident que la religion judéo-chrétienne suppose que l'innocent soit puni à la place du coupable. « Tes grands-pères ont mangé des raisins verts et tu en as les dents agacées. » Cette idée que l'innocent est chargé de la faute du coupable à travers la suite des générations est une idée qui est contenue dans notre tradition judéo-chrétienne, et même probablement chez les musulmans. Je ne bataille pas comme Job avec Dieu, mais je suis quand même obligé de constater cela. Pourquoi Dieu a-t-il voulu que l'innocent paie pour le coupable, pourquoi a-t-il voulu que l'homme coupable soit sauvé par l'innocent rédempteur ? C'est impossible à savoir. Nous sommes au cœur du problème du mal. Et il n'y a pas de réponse. Sinon d'évoquer cette déchéance originelle que je préfère à l'idée du péché originel. Le péché d'Adam est une déchéance plus qu'une faute au sens « peccamineux » du terme.

Mais pour des adolescents qui peuvent ne pas se sentir intimement « concernés » dans leur vie quotidienne par une approche métaphysique des choses, comment leur transmettre des repères ? Comment, par exemple, peut-on leur expliquer la fidélité conjugale ?

A l'heure actuelle, on peut expliquer cela aux adolescents par des photographies, par des films, par des récits. Il faut leur montrer ce qu'est la véritable condition de la femme ; l'adolescent moderne a l'idée qu'homme et femme sont semblables : on ne les distingue pas. Il faut réapprendre aux garçons ce qu'est la féminité. Il faut leur révéler la féminité comme il faut leur révéler la beauté de la « virginité ». La mère ici a un rôle éminent. Mais il n'y a pas que la mère pour cela : tous les éducateurs de demain devront enseigner la différence des sexes et la supériorité du sexe féminin sur le sexe masculin. C'est difficile. Cela demandera peut-être des générations. Bergson disait que la civilisation actuelle est aphrodisiaque. Il ajoutait : « La femme comme on le voit dans l'histoire d'Adam et Eve a appris à l'homme le péché de chair. Nous allons nous approcher d'une époque où ce sera l'inverse : la femme apprendra à l'homme la chasteté. » Je crois qu'il avait raison.

Le père Teilhard de Chardin était frappé par l'éternel féminin. Il rapprochait le monde étoilé (la galaxie, le cosmos) et la femme. Il ne pouvait pas aimer sa cousine sans imaginer qu'elle était l'image du cosmos...

La grande difficulté, quand on élève des enfants comme il faut les élever, alors qu'ils sont plongés dans la société corrompue, dégradée, de l'époque actuelle, est de risquer d'en faire des isolés. Je ne vois pas de solution valable. Il faudrait créer beaucoup d'îlots de perfection au sein des familles pour que cette jeunesse recouvre l'espérance. Maintenant, l'on voit poindre une sorte de chrétienté qui repart à partir de zéro ; c'est ce que le pape appelle la nouvelle évangélisation.

Comment peut-on transmettre à un enfant le besoin de prier ?

Pour les enfants de ce siècle, la prière désigne un ordre donné, une injonction. Les enfants de nos jours n'ont pas l'idée de la prière en tant qu'adoration. Ils ont l'idée de la prière de demande uniquement et non celle de la prière de contemplation. Si les parents mettent leurs enfants à l'adoration perpétuelle à la basilique de Montmartre, ils font bien. En leur apprenant ce que c'est que l'adoration, ils feront de leurs enfants des enfants d'élite.

Prenons un cas très simple et courant, celui d'une jeune mère responsable de catéchèse à qui un prêtre conseille de dire aux enfants qu'Adam et Eve n'ont pas existé.

Vous vous rendez compte que c'est difficile, à l'heure actuelle, de faire le catéchisme aux enfants, parce que (depuis le dernier concile surtout) on présente la religion d'une manière plus éclairée, plus savante, plus critique qu'autrefois. La religion est restée la même, mais elle a complètement changé d'expression.

Moi, je comprends que, lorsque la religion change d'expression, elle demeure la même, bien plus : que la religion paraît changer, afin de rester identique, alors que les langages, les circonstances changent... Comment faire pour dire cela aux enfants ? Voilà la question qui se pose à cette jeune femme. Je me la pose sans cesse. Comme dans toutes les questions difficiles, il faut se garder de répondre trop vite.

Je crois qu'aux enfants, il faut dire : « Dieu, quand Il a créé l'humanité, l'a créée comme elle demeure encore : homme et femme. Il a créé un homme qui s'appelait Adam, une femme qui s'appelait Eve. »

Ma mère me l'expliquait ainsi quand j'avais cinq ans : « Dieu a pris un singe, mais a transformé ce singe (elle avait raison). Dans la Bible, il est écrit que Dieu a pris un peu de boue, qu'il a soufflé dessus. Ceci est mal expliqué. Il en a fait un homme. En nous, il y a quelque chose qui vient du singe. Mais ce singe a été transfiguré par le souffle de Dieu. »

Voilà ce que ma mère m'expliquait, et je l'avais très bien compris. Cette catéchiste peut s'exprimer de la sorte et dire aux enfants : « Dieu a commencé en créant un homme et une femme qui étaient des animaux, sur lesquels Il avait soufflé. Ces animaux, c'est ce que l'on appelle les êtres pensants. "L'homme est un roseau pensant." dit Pascal. Nous sommes des roseaux, c'est-à-dire des tiges mobiles, mais il y a en nous une fleur étonnante qui s'appelle la pensée. »

« Regardez les fourmis, les mammouths ou les chevaux savants : ils ne possèdent pas la pensée. Regardez un infirme dans un hôpital, il pense, il sait qu'il souffre. Il a un cœur, il aime. »

A l'âge de sept ans, j'étais plus métaphysicien qu'à l'âge de vingt ans. D'ailleurs, le philosophe Heidegger, dont j'étais l'ami, me disait : « Il n'est qu'un moyen de faire de la philosophie d'une manière intelligente, c'est de l'enseigner à des enfants âgés de sept ou huit ans. Définir l'être, le néant, la mort, voilà les questions fondamentales de la philosophie. Les enfants assimilent ces concepts très bien, tandis que les adultes ne les comprennent guère. »

Pour en revenir à la question, je crois qu'il n'est pas du tout impossible d'exposer aux enfants la différence entre l'âme et le corps et, en particulier, le fait qu'ils sont des « animaux » pourvus de pensée et, par conséquent, capables d'aimer Dieu. Il faut dire aux enfants qu'Adam et Eve ont réellement existé. Alors, les enfants lisent dans les journaux à chaque instant qu'on découvre les squelettes des premiers hommes.

C'est le point de vue du père Teilhard de Chardin.

Bien évidemment. Il m'étonnerait qu'il n'y en eût qu'un seul. Il y a eu probablement un Adam en Afrique, un en Chine, un peut-être en Espagne. Qu'il y ait eu un ou plusieurs Adam, peu importe. On peut admettre qu'il existe d'autres humanités, d'autres Adam et Eve dans d'autres planètes habitées par l'esprit. Peut-être en existe-t-il des milliards de milliards ? Le nombre ne fait rien à l'affaire.

Si les adultes sont dans le doute, il leur est difficile de s'exprimer devant des enfants.

Non, ce n'est pas difficile. Aux enfants, il faut dire ce que tout le monde dit : qu'il y a eu un seul Adam, une seule Eve. Qu'il y en eut plusieurs, c'est un problème qui concerne cette jeune femme, parce qu'elle a lu comme vous les œuvres du père Teilhard ; qu'elle est évoluée en anthropologie. Mais, avec les enfants, il faut dire ce qui est écrit dans le catéchisme : « Il y a eu au début un Adam, une Eve, qui ont été soumis à une épreuve comparable à vos tentations de désobéissance ; leurs parents leur disaient : "Promenez-vous dans le jardin, mais n'allez pas manger les fruits de l'arbre qui est là-bas, car ils sont empoisonnés." » Nos premiers parents furent soumis à cette épreuve ; ils ont fait à ce moment-là une chute. Cela est vraisemblable du point de vue même des psychanalystes, de Freud. La nature humaine est fragile. Pourquoi s'étonner qu'elle ait, dès le début, chuté. Les enfants vous rétorqueront : nos premiers parents ont péché, mais nous n'en sommes pas responsables. C'est ici que l'explication devient difficile.

Mais les prêtres qui dirigent les catéchistes n'ignorent pas qu'il est difficile d'entretenir les enfants sur la genèse, sur Adam et Eve.

Les prêtres de nos jours cherchent souvent à modifier les manières de présenter la religion, afin d'évangéliser nos contemporains devenus plus exigeants que leurs pères. Mais il ne faut pas croire que la religion a changé, dans son fond, dans son essence, sa vérité. Il faut trouver un moyen d'exposer la vérité sans scandaliser. Il est difficile d'expliquer la religion à tous les niveaux, de l'expliquer à un grand savant, à un individu ignorant, à la foule. Et le pape lui-même n'y réussit pas. Ce que fait cette jeune femme est méritoire, parce que c'est difficile. Le concile a été une éruption volcanique qui a modifié les formes extérieures de la religion. On montrera des catéchismes d'autrefois et des catéchismes d'aujourd'hui. On dira que la religion « a changé ». Or, ce n'est pas vrai. La religion, c'est ce qui ne change pas. La vérité est bien figurée par : 2 + 2 = 4. On peut peindre 2 + 2 = 4 en bleu, en rouge ; cela n'altère pas 2 + 2 = 4. En Italie, les Italiens n'ont pas aperçu de changement ; de même en Allemagne pour les Allemands. Mais, en France et en Belgique, les évêques ont appliqué le concile d'une manière trop brusque. Un exemple : le concile n'avait pas interdit la messe en latin. Plusieurs évêques français ont proscrit le latin, etc. Certains évêques français ont appliqué le concile d'une manière, de mon point de vue, assez critiquable.

Et nous parlons ici de tout et de rien, mais tout ce que nous disons est très précieux pour moi comme pour vous, car ces observations nous donnent l'occasion de réfléchir. Réfléchir, cela signifie ici remettre en cause, critiquer ce qui se passe aujourd'hui pour préparer ce qui se passera demain. Par conséquent, ce que nous faisons est utile, d'autant plus que nous vivons à une époque où tout va vite. Tout se décompose très vite, à tel point que le pape parle d'une « nouvelle évangélisation ». Il a raison, mais la tâche est ardue. Il y a deux mille ans, la première évangélisation s'est produite en présence de païens sans culture et d'apôtres très zélés. De nos jours, les prêtres vont se lancer dans une « nouvelle évangélisation » et les gens leur opposeront des négations savantes : ils opposeront à la foi ancienne la science nouvelle.

Lorsque saint Paul s'est adressé aux gentils à Athènes, il a rencontré les mêmes difficultés.

Les Grecs se sont moqués de lui : « On t'écoutera une autre fois. » Mais de nos jours, comme je viens de vous le dire, les difficultés d'une nouvelle évangélisation sont immenses, autrement plus grandes que jadis. L'Eglise a aujourd'hui une longue histoire derrière elle. Pour beaucoup – même si cela s'est largement modifié chez les meilleurs esprits –, la science est encore la négation même du religieux. Si, pour moi, religion et intelligence vont absolument de pair, combien en sont convaincus ? Enfin, pour ce qui concerne notre pays, il ne faut pas oublier l'histoire très particulière de ses rapports avec l'Eglise : la religion en France a toujours été proche de la politique.

On se plaint souvent de ce que les livres de catéchisme que l'on propose aux enfants ne parlent pas assez de Dieu. On y lit beaucoup de choses, sauf qu'ils n'enseignent rien de religieux, au sens strict du terme.

Je suis ici près du Luxembourg, au carrefour de trois paroisses : Notre-Dame des Champs, Saint-Sulpice et les Carmes. Ce n'est pas, en apparence, la même doctrine catholique dans les trois paroisses. Il faut que les dames catéchistes s'habituent à vivre dans cette atmosphère un peu chaotique, et dire à Dieu : « Mon Dieu, vous nous avez créées pour vivre dans le tohu-bohu. »

Et à vivre aussi dans cet état de fragilité essentielle, je veux parler de la fragilité de la nature humaine devant le péché originel.

J'ai idée que les êtres que Pascal appelle « les roseaux pensants » sont fragiles...

Même avant le péché originel ?

Certes. L'homme, je le compare à celui qui porte un vase de porcelaine, rempli de diamants sur une tige mince. Il est fatal que les diamants fassent tomber la tige. L'homme est un « roseau pensant », c'est donc un être qui peut, à chaque instant, chuter. Paul Valéry disait : « Je suis toujours en train de chuter. »

Il se disait pourtant agnostique.

Il disait aussi : « Les anges chutent. » Alors, pourquoi s'étonner que le premier homme ait chuté ? Qu'il y en ait eu un ou mille, cela ne change rien à rien. Dieu a créé l'homme faible. Evidemment, Il l'a créé à Son image, par la pensée, et l'amour. Dieu ne pouvait pas créer l'homme à Son image en tant que pécheur. Il est dans notre essence quelque chose qui ressemble à Dieu, nous sommes intelligents, nous sommes bons. Dieu a mis cet or « dans des vases fragiles » comme l'atteste saint Paul.

Même le Christ à Gethsémani, quand Il a dit : « que ce calice s'éloigne de Moi », connaissait la fragilité de Sa nature d'homme.

Le Christ incarné épousait la fragilité de la nature humaine. A Gethsémani, Il tremblait. On pourrait dire qu'Il est mort très vite pour ne pas demeurer sur ce bois infâme.

Alors... alors, pour revenir à votre première question, il n'est pas étonnant que la tâche des catéchistes soit difficile. Pour toutes ces raisons – leur propre fragilité, cette fragilité inhérente à la nature humaine – et parce qu'il leur faut adapter la pensée qu'elles ont en tant que femmes adultes à l'intelligence naissante des enfants.

La prière, la piété et l'esprit de pauvreté

Souvent, aux moments difficiles, nous essayons de prier. Et, souvent, nous n'y parvenons pas.

La prière est encore imparfaite, lorsqu'on s'imagine qu'en lisant une formule de prière, on prie. Cela ne suffit pas. La prière, disait jadis le catéchisme, est une « élévation de l'âme » vers Dieu. On prend son âme, on l'élève vers Dieu. La prière parfaite n'est pas une prière de demande, mais une prière de « glorification » de Dieu. La seconde forme de la prière, c'est la reconnaissance : « Seigneur, je vous remercie pour tout ce que vous avez fait pour moi depuis ma naissance, de ce que vous continuez à faire en me donnant l'épreuve, le doute, la douleur. » La prière qui consisterait à être content de sa prière n'est pas la bonne prière. De même en peinture, un peintre qui serait content de sa peinture serait encore très loin de la peinture. L'officier qui serait content de son office d'officier aurait encore à progresser. La preuve qu'on a bien fait ce qu'on a fait, c'est le mécontentement qu'on a de soi par rapport à ce qu'on a fait. Est-ce à dire qu'on ne puisse mendier à Dieu ? Quand on est malade, comment ne pas demander à Dieu la guérison ? On ne peut pas échapper à la nécessité de mendier, parce que Dieu est un Père qui cherche à venir au secours des êtres qu'Il a créés.

Pour le croyant, « il ne peut y avoir de foi véritable qui ne s'appuie sur un exercice continu de ce qu'on appelle la piété ». Maître, ne pensez-vous pas que l'affaiblissement de la foi de nos contemporains provient en partie du peu d'intérêt que le chrétien d'aujourd'hui, tant occupé au quotidien, apporte à la prière, aux exercices spirituels ?

D'abord, je pense qu'il faut définir le mot « piété ». Ce que j'appelle la piété n'est pas du tout ce que le catholique ordinaire entend par piété. Par piété, on entend souvent la dévotion excessive. Pour moi, la piété prise dans le sens le plus profond, n'est pas autre chose que le rapport intime que l'homme garde avec l'infini ; rapport qui, en général, dans le langage religieux, s'appelle la « contemplation » et l'« adoration ». Par conséquent, la piété est l'exercice intérieur dans la conscience d'un homme libre des vertus fondamentales de la religion qu'on appelle *théologales.* Ce sont les vertus par lesquelles on s'unit à Dieu. Urs von Balthazar, dont j'ai préfacé une biographie, pensait que le concile Vatican II parlait surtout de l'homme par irénisme [1], qui est une déviation de la charité, alors que le devoir principal du concile eût été de parler de Dieu.

1. Terme forgé pendant le concile à partir de l'adjectif *irénique* (du grec *eirênê,* la paix) pour qualifier une attitude d'ouverture et de convergence entre les différentes confessions chrétiennes.

Après Vatican II, l'homme contemporain a été porté, si l'on peut dire, à négliger l'adoration et la contemplation.

Le concile lancé par Jean XXIII a été un concile pastoral. Jean XXIII a proclamé sans arrêt (j'ai assisté au concile pendant cinq ans) que le concile a été pastoral. De ce point de vue, le concile n'a pas été un concile théologal, mais un concile pratique. Je pense que cette idée de distinguer le pastoral du théologal est imparfaite. On ne peut séparer le pastoral d'avec le théologal. La véritable charité est la charité de la vérité.

La piété n'est-elle pas issue d'une tradition antéchrétienne, telle la piété d'Enée que célèbre Virgile ?

J'ai écrit parfois, à propos de Maurice Blondel, que le mot « piété » est un mot qu'on doit employer dans un sens précis, mais aussi très large : quand je relis *L'Enéide*, je remarque que le personnage principal de *L'Enéide*, c'est-à-dire Enée, est un personnage pieux. *Pius Aeneas*, le pieux Enée, me paraît être l'archétype d'un homme véritablement pieux, alors qu'il est païen. L'idée de la piété ne me paraît pas l'apanage du christianisme. Si le christianisme venait à disparaître, on verrait réapparaître la piété.

Erasme a bien écrit : « Saint Socrate, priez pour nous. »

On peut dire que Socrate était pieux. Avant Socrate, Pythagore et d'autres encore.

Revenons à la dévotion. Celle à la Vierge Marie a-t-elle la primauté sur tout autre dévotion ?

Si l'on prend le mot « dévotion » au sens vulgaire, la dévotion à la Vierge Marie est très populaire. Quand on parcourt l'Europe, on voit partout des sanctuaires à la Vierge.

Quand on prend le mot « dévotion » au sens absolu, il n'est qu'un seul être incomparable : la Vierge Marie. Elle a porté, pendant neuf mois dans son sein, Celui qui était non seulement le Messie, mais encore le Créateur du monde. Alors, réfléchissez : porter dans son ventre Celui par qui le monde tout entier a été fait, comment voulez-vous que cela ne donne pas à cette personne une splendeur, une « divinité latente » supérieures à toutes les autres créatures ? Je désire montrer dans un livre qui doit paraître un jour sur la Vierge Marie que la Mère de Dieu est, de tous les êtres créés, celui qui est le plus proche de la divinité (mais, sans avoir la divinité). Je pense donc que le Père, le Fils et le Saint-Esprit ont honoré au plus haut degré la mère qui a porté le Verbe dans son sein. Je mets la Vierge Marie au plus haut degré possible qui soit ; sans lui conférer la divinité, je lui confère tout ce qui n'est pas la divinité.

En conclusion, entre la dévotion populaire et mon analyse de la dévotion à la Vierge, il est un immense espace vide. Mais mon idée n'est pas opposée à la dévotion populaire : elle la justifie même à un certain degré.

Quand vous renforcez l'idée que vous vous faites de cette dévotion, vous parvenez à une dévotion en quelque sorte transcendantale : il s'agit d'une dévotion à la Mère de Dieu.

Bien sûr, ἡ θεότοκος, la Mère de Dieu.

La dévotion populaire retient surtout de la Vierge Marie son visage humain et fait appel à l'amour maternel de la Vierge Marie pour l'humanité tout entière.

La conception de ce que vous appelez le public populaire ordinaire n'est pas fausse. Je me garderai bien de la diminuer, encore plus de la détruire. Quand je la rencontre chez un homme du peuple, je ne peux que l'approuver. Mais je pense qu'elle ne va pas au fond des choses : la dévotion superstitieuse populaire tend à diminuer la Vierge, moi, je l'exalte. Là est la différence. Mais je respecte la « foi du charbonnier ». Je trouve que le charbonnier est beaucoup plus près de moi que celui qui a un doute. Or, celui qui doute abandonne le navire à la tempête ; celui qui a la « foi du charbonnier » est ballotté par la tempête, mais n'abandonne pas le bâtiment.

Que serait l'expérience de la foi sans celle de la beauté ?

Quand j'enseignais autrefois la philosophie dans les lycées, dans les facultés, à la Sorbonne, je distinguais les trois catégories, comme dit Kant, qu'on appelle les « transcendantaux ». Parmi les trois catégories, il y a le beau, le bien et le vrai. Je disais à mes élèves, à mes étudiants, à mes disciples : « Entre le beau, le bien et le vrai, que préférez-vous ? » D'aucuns choisissaient le bien, certains le beau et d'autres le vrai. Je leur disais que je choisirais le beau : le beau, c'est l'antichambre du bien et du vrai. Après avoir donné la préférence au beau, je choisirais le vrai : le vrai est supérieur au beau. Après le vrai, je porterais enfin mon choix sur le bien : le bien, c'est ce qu'il y a de plus haut, ce qui peut condenser, concentrer toutes mes puissances d'aimer. Mais je commencerais par le beau. C'est pourquoi j'aime fréquenter les artistes, les peintres : je pense que, pour la plupart des gens, surtout à notre époque où tout est confondu, mêlé et corrompu, c'est encore par la beauté que je puis arriver à la vérité, la perfection. En un certain sens, le beau c'est l'antichambre suprême.

Rappelez-vous ce texte de Leibniz : « Si grands que soient les capitaines, les savants qui se placent en Dieu, qui pensent Dieu, leur sont supérieurs. Et l'univers est fait pour eux et non pour les capitaines. Encore plus pour les saints. »

Grégoire de Nysse, saint du IVe siècle et docteur de l'Eglise, disait déjà : « Trois choses caractérisent la vie du chrétien : l'action, la parole et la pensée. Parmi elles, la principale est la pensée ; après la pensée, vient la parole, qui révèle par les mots la pensée imprimée dans l'âme. Après l'esprit et le langage, vient l'action, qui met en œuvre ce que l'on a pensé. Lorsque l'une de ces trois choses nous dirige dans le cours de la vie, il est bien que tout, parole, action et pensée, soit divinement réglé selon les connaissances qui permettent de comprendre et de nommer le Christ, afin que notre action, notre parole et notre pensée ne s'écartent pas de ce que ces noms signifient... »

C'est en effet très semblable à la pensée de Leibniz. Rien d'extraordinaire à cela, sauf que Grégoire de Nysse était très en avance ; de mille ans, sur son temps. De ce point de vue-là, je ne peux que le saluer comme précurseur.

Au cours d'une conférence, le professeur Jérôme Lejeune avait eu cette réflexion : « Un jour où une femme a brisé un flacon de parfum de grand prix et où un homme a dit : "Il est scandaleux d'utiliser un parfum si cher. Si on l'avait vendu et que l'on m'eût remis l'argent, j'aurais fait du bien à un pauvre." Rappelez-vous que cet homme s'appelait Judas. »

J'aimerais connaître d'une part votre point de vue sur cette question et savoir aussi quels sont vos rapports avec l'argent.

Me demandez-vous l'opinion de Jean Guitton ou ce que laisse supposer l'Evangile ?

D'abord ce que laisse supposer l'Evangile.

Alors, c'est une exégèse proprement dite.

Tout à fait.

Du point de vue de l'exégèse proprement dite, cette question a donné lieu à des quantités de commentaires, parce que, autant que je me souvienne, ce n'est pas raconté de la même manière dans les synoptiques et dans saint Jean. Je crois que c'est dans saint Jean que ces paroles sont mises dans la bouche de Judas. L'Evangile de saint Jean est celui dans lequel ce malheureux Judas reçoit tous les coups, parce qu'il semble que le personnage qui a écrit le quatrième Evangile, supposons donc que c'est saint Jean, était très aimé de Jésus, mais détestait Judas. Alors, toutes les fois que dans l'Evangile de saint Jean, il a une occasion d'attaquer Judas, il n'y manque pas. Voilà ce que je dirai en tant qu'exégète.

En tant que Guitton, c'est différent : je me réfère à Pascal parce que, cette nuit, je me suis replongé dans Pascal, en particulier dans les *Pensées.* Et j'ai trouvé, dans les *Pensées* de Pascal, l'idée suivante : Pascal parle de lui-même et dit : « J'aime la pauvreté. » En effet, à la fin de sa vie, Pascal vivait très pauvrement. Il n'avait pas de domestiques, il allait chercher lui-même les plats à la cuisine. Il avait décidé de vivre très pauvrement. « Mais en même temps, disait Pascal, j'aimerais à avoir des biens pour les distribuer. » Ma position est exactement celle-là. En captivité, j'ai conçu que le fait de ne rien posséder n'était pas pénible du tout. Ce qui est pénible, c'est la différence des conditions. C'est très pénible de voir un colonel qui reçoit des colis quand on n'en reçoit pas soi-même.

A moins qu'il ne les distribue.

Oui, c'est cela. Alors, en ce qui me concerne, je dirai comme Pascal : quand Jean Guitton est tenté par la diététique de réduire sa gourmandise, en même temps, il aimerait avoir beaucoup d'argent pour pouvoir le distribuer. Autrement dit, j'aimerais à pratiquer ce qu'Aristote appelait la « magnanimité ». En un certain sens, le problème de savoir si l'on est pauvre ou si l'on est riche m'indiffère. Si l'on est pauvre, il faut être très content, puisque après tout, c'est la condition de Jésus Christ ; et si l'on est riche, c'est bien, parce qu'on a l'occasion d'être « magnanime ».

La littérature enfantine est souvent imprégnée de cela. La comtesse de Ségur, par exemple, dans La Fortune de Gaspard.

Je ne connais pas la comtesse de Ségur par cœur, mais je partage l'idée de Pascal, celle de l'indifférence : que si l'on n'a pas d'argent, après tout c'est bien, puisque c'est la condition de Jésus ; que si l'on en a, c'est encore mieux, parce que l'abondance permet de pratiquer la vertu qu'Aristote appelle la magnanimité. La magnanimité avait été beaucoup exercée par mon grand ami l'abbé Thellier de Poncheville. Vous y trouverez une bonne définition de cette vertu :

« Le magnanime désire accroître les esprits qu'il rencontre, mais selon leur vocation unique qu'il sait discerner d'un coup d'œil, il accueille, il excite. Dans tout ce qui est dit, il voit le plus beau sens. Dans ce qui est fait, il discerne le germe d'un progrès possible obligatoire. Il fait courir chacun dans sa propre voie. Il préfère que le bien soit fait visiblement par d'autres que par lui. Il ne cherche pas de disciples. Il ne fonde pas d'école. Il ne veut donner son nom à rien. Mais il ajoute à chaque être un élan, une lumière. »

Et cela, c'est mon idéal. Autrement dit, je ne désire pas fonder une école, avoir des disciples. C'est l'idée de Socrate : tous les gens qu'il rencontrait, il essayait de les pousser dans leur voie ; ce n'était pas son rôle de fonder une école, d'« avoir des disciples ».

Le magnanime veut être une source inconnue. Il semble toujours vous dire, comme le maître du festin : « Cela est bien, ami, mais tu peux monter encore. »

C'est cela.

Il donne quand même un conseil.

Oui, là, il donne un conseil... Et puis, pour revenir à notre conversation du début, dans l'Evangile de saint Jean, on voit très bien que saint Jean, qui était très humble, était très fier d'être aimé de Jésus et qu'en même temps, il haïssait Judas. Il n'est pas absolument inintéressant – et certains l'ont fait – de songer à cela à la lumière de cette vertu qu'est la magnanimité.

L'intuition et l'âme

Eugène Melchior de Vogüé écrivait dans Le Roman russe *: « Bien souvent Fedor Mikhaïlovitch m'a fait penser à Jean-Jacques. N'est-il pas manifeste qu'il choisit toujours pour insinuer ce qu'il estime être le meilleur de son message, des enfants, des femmes du peuple, des ignorants, des êtres incultes, proches de la nature en qui le savoir n'a pas ruiné la spontanéité primitive ? » Pensez-vous que le message évangélique doive toujours passer par les humbles ?*

Je pense que ce que l'on appelle un « humble » est préférable à un orgueilleux ; que le christianisme implique une préférence donnée aux pauvres, aux « exclus » sur ceux que l'on appelle les pharisiens. En captivité, je préférais les capitaines aux colonels...

De toute façon, quand vous étiez dans les oflags, là, tout le monde était sur le même pied.

Oh ! non.

Alors, vous étiez supérieur aux autres, puisque c'est vous qui enseigniez.

Oui, peut-être avais-je une supériorité, puisqu'ils allaient à mes conférences et que je n'allais pas aux leurs.

Et rappelez-vous Le Travail intellectuel, *parmi les livres que vous avez écrits. Ce que je veux dire, c'est que Dostoïevski, pour transmettre son message aux hommes, passe par les humbles. C'est ce que constate Vogüé. C'est ce que faisait un peu Rousseau aussi. Saint Augustin également, quand il écrit : « Surgissent les ignorants, et ce sont eux qui prennent le ciel. »*

Il y a aussi « Heureux les pauvres en esprit » au début des Béatitudes.

En constatant que Thérèse de l'Enfant-Jésus a peu lu, qu'elle est presque ignorante, vous citez, dans votre livre Le Génie de Thérèse de Lisieux, *le cardinal Newman : « On regarde comme le plus élevé des dons, de posséder sans raisonnement ni investigation une connaissance intuitive de ce qui est beau dans l'art, ou de ce qui est efficace dans l'action ; c'est là en effet le génie. »*

C'est une définition que l'on donne du génie. On pourrait en donner d'autres.

Mais comment l'expliquez-vous ? Ne vous semble-t-il pas que dans son procès, Jeanne d'Arc, autre jeune fille peu instruite, a fait montre elle aussi d'une « connaissance intuitive » qui confine au génie ?

Chez Jeanne d'Arc, il y a en effet une connaissance intuitive.

Et là, c'est le retour aux humbles que l'on retrouve chez Dostoïevski.

C'est possible.

Mais vous faites bien partie de ces philosophes chrétiens qui veulent que sainte Thérèse devienne docteur de l'Eglise.

Mon livre essaie de montrer que, dans Thérèse de l'Enfant-Jésus, il y avait quelque chose que l'on trouve dans Jeanne d'Arc aussi et que j'appelle le génie. A condition de savoir la lire comme il faut et de laisser de côté toutes les roses.

Pourtant, sainte Thérèse de l'Enfant-Jésus, n'est-ce pas l'exemple même de la quintessence du bonheur ?

C'est en effet la manière que j'ai de la présenter. Mais je ne m'occupe pas du tout de la « pluie de roses ». Je m'intéresse au contraire à tout ce qu'elle a du philosophe. Elle représente le catholicisme complètement épuré de tout ce qu'il contient de rituel et de conceptuel. Elle a recouvré le christianisme à l'état pur.

Avec un naturel extraordinaire.

Oui. C'était sa méthode d'écrire « comme un enfant ».

Elle a connu l'enfance des jeunes filles de la « bonne société » de l'époque. Ayant perdu sa mère très tôt, elle a été élevée par son père.

Oui, mais son père est devenu fou. Son père faisait des fugues, on ne savait pas où il était passé. Alors, la petite Thérèse a connu l'épreuve de voir dans cet état l'homme qu'elle avait le plus aimé et qui avait remplacé sa mère.

Cette remarque sur l'enfance de sainte Thérèse m'amène à une question plus générale, ou plutôt plus « actuelle » et qui concerne l'analyse, l'utilité de suivre une analyse, de voir un psychanalyste.

Je crois qu'il ne faut négliger aucune source de connaissance. Dans notre siècle, on a avancé beaucoup. Jusqu'à 1900 environ, on s'occupait surtout du conscient, mais la connaissance, la science ont fait des progrès. Au XXe siècle, la connaissance a exploré les régions obscures qui étaient jusque-là privées de conscience : elle s'est avancée dans l'« inconscient ». Elle a établi des méthodes pour explorer l'inconscient. Ce fut surtout l'œuvre de Freud. En France, il y avait d'autres grands médecins comme Charcot, comme Emile Coué. On a surtout retenu le nom de Freud. La science qu'il a inventée s'appelait l'analyse de l'inconscient, la psychanalyse. Freud a inventé des méthodes pour déceler, décrypter en nous les états qui ne sont pas conscients : par exemple, l'analyse des rêves, l'analyse du lapsus, l'analyse des états de délire et de folie. Il a inventé des moyens qui nous permettent de mieux nous connaître nous-mêmes. Alors, je pense que ces moyens-là, il ne faut pas les mépriser. Toutes les fois que l'on a l'occasion de voir un psychanalyste sérieux, il faut aller le consulter... En ce qui me concerne, je ne suis jamais allé voir un psychanalyste. Je n'ai pas besoin de psychanalyste : je me connais assez moi-même pour essayer d'étudier mon inconscient.

La psychanalyse, c'est l'étude de la ψυχή' *de l'âme. Or, beaucoup de grands psychanalystes ne sont pas croyants.*

Je crois que dans l'âme, il y a trois étages. L'étage qu'on appelle le corps *(Jean Guitton désigne son propre corps).* L'étage qu'on nomme l'esprit *(il touche son front).* Et puis, il y a un état intermédiaire *(il met la main sur son cœur),* c'est la psyché, l'« âme ». En grec, le corps s'appelle *τὸ πωμα.* L'étude du corps, la stomatologie, la médecine. Il y a une science qui s'occupe de l'esprit, *τὸ πμευμα,* c'est la religion, la mystique.

Et puis, il est une science qui traite de l'état intermédiaire : l'être qui est à cheval sur le corps et sur l'esprit. Je l'appelle du mot *ψυχή*, l'âme. A la mort, la *ψυχή* disparaîtra. On la mettra dans un cercueil, puis au cimetière. Mais subsisteront, d'une part, le corps et, d'autre part, l'esprit. Cette jonction soudaine et éternelle du corps et de l'esprit s'appelle la Résurrection.

Vous éliminez l'âme ?

Oui, j'élimine l'âme. Je ne crois pas à l'« immortalité de l'intermédiaire ».

Comment pouvez-vous dire cela ?

Après avoir défini les mots, je dis que l'âme est un état intermédiaire. Or, après la mort, il n'y a plus d'intermédiaire. Le plus bas est uni au plus haut ; c'est ce qu'on appelle la « Résurrection ».

La douleur et la mort

Je voudrais évoquer la question de la douleur.

Je crois qu'à l'heure actuelle, il y a une nouvelle découverte de la douleur. Dans mon enfance, on élevait les enfants d'une manière sévère : on leur parlait de l'enfer, de la douleur. Récemment, j'ai reçu l'un de mes amis qui vient d'avoir un petit-fils. Il est allé à l'hôpital voir l'accouchement de son petit-fils. Il a assisté à un accouchement exempt de douleur. J'ai été élevé dans l'idée que l'« homme était fait pour souffrir ». Tandis que maintenant, même dans les milieux les plus mystiques, on n'a plus cette idée-là. L'idée de sainte Thérèse de l'Enfant-Jésus, c'était de transformer la douleur en joie. C'est bien pourquoi, dans mon livre, *Le Génie de Thérèse de Lisieux* qui vient d'être réédité, il faut lire de préférence l'« antijansénisme » de Thérèse.

J'avais remarqué que le Christ sur la Croix avait abrégé ses souffrances. En général, les condamnés sur la croix mouraient au bout de trois ou quatre jours. Les oiseaux leur picoraient la chair. Le Christ est mort vite. Il a été crucifié à midi, il a rendu l'esprit à quinze heures.

Cette souffrance, cette douleur « scandaleuse » qu'exprime et symbolise le Christ en croix, ne la ressentons-nous pas d'une manière particulière lors de la perte d'un être cher ?

En effet. Devant la perte d'un être cher, je comprends que l'on doute. J'ai beaucoup d'amis qui ont vu disparaître leurs parents. Je n'ai vu mourir que deux personnes : ma mère et ma femme. Il y a quelque chose de tragique dans les deux cas : la personne avec laquelle on causait des choses les plus infimes de la vie, de tout ce qui fait la trame des jours... et puis, tout d'un coup, c'est le vide. Et nos inventions modernes n'y peuvent rien : on ne peut pas lui téléphoner... Elle a vraiment disparu.

Quand j'étais en captivité, j'ai fait l'expérience de ce qu'était la vie après la mort. Pour nos parents, nous étions des « disparus ». Ils nous envoyaient des colis. On était nourri comme les morts l'étaient dans les tombes égyptiennes. En même temps, j'avais l'impression que j'étais passé dans une « autre vie ».

J'étais en captivité avec Patrice de la Tour du Pin. Au début de la guerre, on l'avait cru mort. On avait même fait célébrer ses obsèques. En France, au début d'une guerre, il convient qu'un grand poète meure. Dans la guerre de 1914, c'était Charles Péguy. On avait célébré :

« Heureux ceux qui sont morts, car ils sont retournés
Dans la première argile et la première terre.
Heureux ceux qui sont morts dans une juste guerre.
Heureux les épis mûrs et les blés moissonnés ! »

On savait ces vers par cœur. Et, dans la guerre de 1940, c'était Patrice de la Tour du Pin. Il me disait : « J'ai là un faire-part des obsèques de Patrice de la Tour du Pin. Je vais m'évader, si je suis repris par les Allemands, je leur dirai : je ne peux pas être Patrice de la Tour du Pin, puisque j'ai été enterré. Voici le faire-part de mes obsèques. »

Mon ami Patrice de la Tour du Pin et moi-même avions tous les deux la vocation de renoncer au mariage, moi pour me consacrer à la philosophie ; lui, à la poésie. Il me disait : « Je vais me consacrer à la poésie, je vais entrer en poésie comme on entre en religion. Je ne me marierai jamais. » Je lui répondais : « Moi je vais me consacrer à la philosophie. Je ne me marierai jamais. – Nous sommes faits pour nous entendre », rétorquait-il.

Or, tous les deux, nous sommes tombés dans les filets, les rets du mariage. Avant de me marier, je me faisais une idée imparfaite du mariage. Dans ma jeunesse, les prêtres eux-mêmes considéraient le mariage comme un état difficile. Maintenant, certains prêtres considèrent le mariage comme un état désirable, puisqu'ils voudraient que le célibat des prêtres fût aboli et qu'en Angleterre, les femmes elles-mêmes reçoivent l'épiscopat. Moi qui ai vécu quatre-vingt-quatorze ans, j'ai vu le climat changer. Dans la première partie de ma vie, le mariage était redoutable ; je chantais ce verset du psaume 50 dans le *Miserere mei : « Ecce enim in iniquitatibus conceptus sum : et in peccatis concepit me mater mea. »* (« J'ai été conçu dans l'iniquité et ma mère m'a engendré dans le péché. ») Je crois que le mariage est à réinventer chaque jour.

Et que dire du veuvage ?

Je connais cette épreuve : j'ai perdu ma femme, il y a vingt ans, je me souviens du passé et j'attends l'avenir car je pense que ma femme sous des formes que je ne peux ni décrire, ni prévoir, ni même comprendre, est entrée dans ce que j'appelle l'éternité. J'espère retrouver ma femme en Dieu. Les veufs et les veuves sont dans un état à la fois douloureux et heureux : ils ont perdu ce qu'ils espèrent retrouver, leur solitude n'est pas une solitude, mais une attente.

Et si l'on n'a pas la foi chevillée au corps ?

Je répondrai : « Moi non plus. Personne n'a la foi *chevillée au corps.* » Si on avait la foi chevillée au corps, ce ne serait pas une vraie foi. La foi est un combat perpétuel : il faut toujours triompher d'un doute. Les mystiques l'ont dit. L'état où je suis, c'est-à-dire le veuvage, est un état privilégié pour expérimenter le mystère de la foi. C'est pourquoi il faut que nous nous rassurions lorsque nous sommes tentés de pleurer : en nous disant que le don que Dieu nous a fait (qui est le don de la douleur) est un don irremplaçable.

Et que répondre à ces mères, effondrées par la douleur, quand elles disent : « Dieu n'existe pas, Il m'a pris mon fils. »

Quand une personne dit cela, il faut répondre : « Madame, pleurons ensemble. Ne nous posons pas ces questions insolubles : Dieu existe. Nous sommes dans la douleur de la mort de votre enfant. Pleurons ensemble. » Il faut mêler nos larmes aux larmes des autres. Ce n'est pas dans ces moments-là qu'il faut faire une « leçon sur l'existence de Dieu ». A partir du moment où l'on laisse poser la question, on est dans l'embarras. Comme on ne peut pas donner de réponse valable, les gens retiendront l'objection et ne retiendront pas la réponse.

Moi je déconseille aux prêtres d'exposer les objections car les fidèles retiennent l'objection et ne retiennent pas la réponse. Il faut laisser de côté les questions insolubles et ne garder que les questions humaines, celles qui atteignent le cœur. Quand on voit une mère qui pleure son fils, il faut dire : « Madame, pleurons ensemble. »

Et le cas d'un jeune officier qui vient de mourir. Il ne pratiquait plus et ne voulait pas être enterré religieusement. Sa femme, qui est croyante, s'est laissée convaincre de faire dire une messe.

On pouvait dire à cette veuve : « Votre mari était baptisé et il était officier. A sa mort, l'armée lui a rendu les honneurs. N'empêchez pas l'Eglise de lui rendre également les honneurs. L'Eglise, pour rendre les honneurs, ne prend ni drapeau, ni trompette. Elle fait dire une messe. Il ne faut pas s'opposer à la messe qui sera dite à la mémoire de votre mari. Nul ne peut dire que c'est inutile... »

Comment les êtres qu'on a aimés et qui sont morts restent-ils auprès de nous ?

Ils sont beaucoup plus présents que lorsqu'ils étaient vivants. Par exemple, ma femme qui est là *(Jean Guitton montre le portrait de sa femme)*, quand elle était vivante, elle avait le caractère changeant des femmes, elle était quelquefois gaie et quelquefois triste. La femme, dit un proverbe italien, est « comme la lune », elle a des variations constantes qui sont connues, puis des variations à l'intérieur d'une journée. Une fois « disparue », elle est plus présente que jamais.

En 1978, vous écrivez : « Peut-être sommes nous plus unis à nos disparus qu'aux vivants, si distraits, si occupés de leurs devoirs ou de leurs plaisirs ? Les défunts, les saints, les invisibles nous entraînent et nous font des signes. » On dit aussi souvent que les êtres chers qui ont rejoint l'Au-delà, nous observent et en un certain sens nous jugent. Avez-vous le même sentiment ?

Pour répondre à votre question, il faut distinguer deux pensées qui sont des contraires mais qui au fond n'en font qu'une ; comme il arrive souvent en philosophie : la philosophie consiste alors à rechercher l'accord des contraires. Ici, c'est un exemple de ce que j'appelle l'« accord des contraires ». Il faut concilier deux nécessités : la première nécessité relève de la métaphysique divine. La deuxième nécessité concerne le côté humain, personnel, vibrant et charnel. Comment faire pour respecter ces contraires et les assembler dans une même vision ? Quel est celui qui doit l'emporter sur l'autre ? Car toutes les fois qu'on assemble des contraires, on est amené à établir une hiérarchie : l'un est l'élément divin ; l'autre, l'élément humain ; l'un est l'élément méta-humain, l'autre, l'élément humain, charnel. Je crois qu'il faut préférer le côté divin ; je considère que ceux qui ont disparu sont entrés dans un autre type de vie et que, par conséquent, vivant en Dieu, vivant par Dieu, vivant pour Dieu, on ne peut pas les considérer, comme étant des êtres de cette terre : ils ne sont plus de la terre ; ils sont « au ciel », comme nous le disons dans nos prières. De ce point de vue, je dirai qu'il faut se faire à l'idée que nos morts sont disparus. Le mot « disparus » est un mot qui suffit. « Disparus », cela veut dire qu'ils existent mais qu'on ne les voit pas ; cela signifie qu'ils souffrent peut-être, mais qu'on ne participe pas directement à leurs souffrances ; cela veut dire qu'ils sont là mais que, bien qu'ils soient là et malgré les découvertes de la science, les macroscopes les plus puissants, nous ne les voyons pas. Voilà ce que j'exprime quand j'emploie ce mot banal de « disparus ». C'est le premier objet de ma considération sur les disparus. Elle s'appuie sur le principe même de toute disparition, savoir : l'absolue certitude qu'ils sont là, et qu'en même temps je ne les vois pas, je ne les touche pas, je ne les entends plus : ils ont dis-pa-ru.

Les disparus donneraient donc l'impression de ne pas s'intéresser aux mortels.

C'est cela ; je pense qu'ils sont un peu comme quelqu'un qui serait très voyant et qui aurait à téléphoner à un aveugle.

Vous dites, en 1981 : « Lorsque j'examine la peur que j'ai de mourir, je constate qu'elle est faite de deux choses contraires qui se mélangent bizarrement. La peur d'une absence de la conscience, du néant futur. La peur d'une soudaine présence, face à face avec un juge de mes actions. La première perspective peut être agréable, il est doux de s'endormir... La seconde m'effraie, elle inquiétait Platon, Virgile et Dante. De nos jours, même dans les églises, on n'en entend plus beaucoup parler. » Etes-vous toujours dans le même état d'esprit ?

Oui

Votre analyse ne conforte-t-elle pas la thèse que développe le pari de Pascal ?

Le pari de Pascal consiste à évacuer l'idée de risque ; que si on perd, on ne perd rien, que si on gagne, on gagne tout. Vous avez tout intérêt à prendre l'eau bénite ; car si vous vous trompez, c'est-à-dire, s'il n'y a rien après la mort, vous ne perdez rien ; car vous avez renoncé à ce que Pascal appelle les « plaisirs empestés », de sorte que votre intérêt, même le plus sordide, est de parier pour la religion.

Vous ne voyez pas là « un aveu suprême de la faillite et du désespoir de la foi de Pascal » ?

Je trouve que son « pari » n'est pas sot. Quand vous causez avec un quidam qui n'a pas la foi, vous l'entendez dire : « Je ne connais rien aux thèses développées par les curés. Je ne crois pas à leurs histoires mais je me dis : c'est quand même important d'être de leur côté ; les prêtres mènent une existence sobre et digne ; ils donnent l'exemple d'une vie édifiante, ce sont au fond de "braves gens". Il y a intérêt à parier pour la religion. Même si on se trompe, on ne perd rien. »

Vous dites : « Bientôt je serai pour mes arrière-neveux, un visage sans nom ou un nom sans visage, mort à on ne sait quel âge. Mais aussi s'ils pensent à moi, je suppose qu'ils me concevront jeune, comme les morts le sont pour moi. » Comment vous représentez-vous la jeunesse des morts ?

Nous n'aimons pas nous représenter des vieillards, des gens ridés, voûtés. Quand nous nous imaginons les morts, nous les voulons jeunes. Je tiens cette opinion de ma mère. Dans le livre que je lui ai consacré, *Une mère dans sa vallée,* je la représente comme une jeune fille.

Je vous cite : « Mais comment puis-je vraiment savoir qui est mon père, qui est ma mère, à quel âge, à quel moment de leur vie, les voir pour savoir ce qu'ils sont ? La distance de l'enfance, je la trouve nécessaire dans ces commencements de la vie où nous sommes pour nos parents des jouets de chair. C'est peu à peu que nous prenons consistance et figure. L'étrange retard se rattrape. Vers le milieu de la vie, l'intervalle se comble, surtout à notre époque moderne où il n'y a plus de vieux visages selon l'apparence. De dos, nous paraissons presque avoir le même âge que nos parents. De même malgré les dates inscrites sur les tombes, les morts nous semblent tous avoir le même âge indéfini. Ainsi se prépare la coulée de la race dans l'intemporel. »

En réalité c'est le même âge. Nos mères deviennent nos sœurs. Nos pères deviennent nos frères. Il y a un peu de ça dans l'œuvre de Malègue [1].

La notion de l'infini inquiète : on se rend compte que l'homme est un être fini dans un monde infini. Savoir qu'après un jour, un autre jour naîtra, trouble profondément. Nous savons que l'éternité existe et dans un certain sens, nous la craignons.

Pascal a dit à peu près la même chose : « Le silence de ces espaces infinis m'effraie. » J'ai passé ma vie à réfléchir sur les rapports de l'éternité avec le temps. Je considère que l'éternité est plus intéressante que le temps. Quand je m'examine, ce n'est pas l'être temporel que je fixe, mais l'être éternel. Je me répète la phrase de Spinoza : «*Sentimus et experimur nos aeternos esse*; nous sentons, nous expérimentons que nous sommes éternels. » Quand j'ai écrit ce livre *Un siècle, une vie* où je raconte ma vie, ce ne sont pas les « occasions temporelles » qui me passionnent, mais le « Guitton éternel », en tant qu'il est présent dans le temps. Je

1. Joseph Malègue (1876-1940), auteur notamment d'une autobiographie sur fond de conversion, *Augustin ou le Maître est là* (1933).

n'ai pas l'idée qu'au moment de la mort, cela changera ; j'ai au contraire l'idée qu'à l'heure dernière, je serai enfin Guitton.

Je ne me plaçais pas tout à fait sur ce plan-là. Ce qui effraie aussi, c'est l'éternité de cette seconde vie : cette notion d'éternité intrigue et bouleverse.

C'est parce que vous avez une idée fausse de l'éternité. L'éternité, c'est le présent perpétuel. C'est un instant qui se continue sans arrêt : ce n'est pas quelque chose qui dure, quelque chose où il y a un présent, un passé, un avenir, une succession. Dieu dit : « Je suis Celui qui suis. »

L'éternité, c'est donc l'éternel présent.

A mon point de vue, c'est cela. Après la mort, si nous entrons dans l'infini qu'on appelle Dieu, on aura l'impression à toutes les secondes de voir quelque chose de nouveau. Je crois par conséquent, un peu comme Bergson, qu'un certain progrès est impliqué dans la notion d'éternité.

Vous dites aussi : « L'homme se trompe quand il prend l'initiative de communiquer avec les morts en faisant tourner des tables : Victor Hugo, à Guernesey, ne recueillait que des mots stupides. » Pourtant, un esprit aussi averti que Maurice Maeterlinck, dans son essai sur la mort, rend hommage aux spirites et s'intéresse de très près à ce qu'il appelle « L'étude méthodique et rigoureuse de tous les faits de psychologie et de sensibilité supra-normales. » Il cite notamment les travaux de la Society for Psychical Research (SPR). Il estime que d'elle date le véritable essor d'une nouvelle science néo-spirite.

Je fais partie de ceux qui, avec le docteur Larcher, s'occupent des phénomènes métapsychiques. J'appartiens avec le docteur Larcher (et dans l'esprit de Bergson qui s'y intéressait beaucoup), à la Society for Psychical Research, la SPR. Cette science, dont la plupart des gens se moquent, connaîtra probablement un grand essor au XXIe siècle.

Sans nous donner des certitudes, elle nous donnera au moins des vues sur ce que peut être une existence de l'âme détachée du corps. C'est là le fond du problème : la mort étant la séparation de l'âme d'avec le corps. Dans le même esprit, je me suis beaucoup intéressé à sainte Catherine de Gênes dans sa doctrine du purgatoire. Je pense que ce que les catholiques appellent le purgatoire correspond à des vérités scientifiques. Des études de ce genre nous permettent de concevoir l'existence de la plupart d'entre nous, c'est-à-dire de tous ceux qui ne viendront pas « au ciel » tout de suite.

Pour en revenir à Maeterlinck, il ajoute : « Si vous soutenez que vous serez toujours, vous devez admettre que vous êtes depuis toujours ; on ne peut imaginer l'un sans être forcé d'imaginer l'autre. Si rien ne finit, rien ne commence, attendu que ce commencement serait la fin de quelque chose. Or, bien que j'existe depuis toujours, je n'ai aucune conscience de mon existence antérieure, tandis qu'il me faudra porter jusqu'aux horizons sans bornes des siècles sans fin, la petite conscience acquise durant le moment qui s'écoule entre ma naissance et ma mort. Mon moi véritable, qui va devenir éternel, ne daterait donc pas et serait jeté au néant ? »

Je crois que Maeterlinck a raison. C'est enfantin de penser que nous avons commencé d'exister (pour moi, en 1901). Dans la pensée de Dieu, nous existons, depuis toujours. En un certain sens, nous sommes « éternels ».

Je poursuis la réflexion de Maeterlinck : « D'où vient ce privilège étrange accordé à quelques jours insignifiants sur une planète sans importance ? – Parce qu'en cette éternité antérieure nous n'avions aucune conscience ? – Qu'en savons-nous ? Cela semble bien improbable. »

Je n'ai rien à objecter.

Et Maeterlinck d'ajouter : « Dès qu'on plonge le regard dans les mystères de cette éternité où tout ce qui arrive doit être arrivé, il semble au contraire bien plus croyable que nous ayons eu des consciences sans nombre que nous voile notre vie d'aujourd'hui. Si des consciences ont existé, et si, à notre mort, une conscience doit survivre, les autres doivent survivre aussi, car il n'y a pas de raison pour octroyer à celle que nous avons acquise ici-bas, une faveur aussi exorbitante. Et si toutes survivent et se réveillent en même temps, que deviendra, submergée dans ces existences éternelles, une petite conscience de quelques minutes terrestres ? »

Je trouve cette approche de Maeterlinck plus problématique, voire spécieuse. Si nous croyons en Dieu, nous pensons que Dieu étant éternel et donc présent à tous les temps, nous avons été présents virtuellement il y a mille ans. Je ne vois pas sur quoi s'appuie Maeterlinck pour énoncer autre chose.

S'agissant des funérailles, vous écrivez : « Lorsque je vois passer des funérailles (chose de plus en plus rare et très rare à Paris) et que je songe à ce triomphateur couché qu'est alors le dernier des hommes, je me dis qu'il en sait plus sur l'unique essentiel que tous les génies rassemblés. »

C'est la mode américaine, cette indifférence devant la mort ; c'est une forme d'antichristianisme. Elle a été inventée par ce peuple tout à fait pratique, qu'on appelle les Américains qui savent admirablement l'art d'embaumer. Il paraît qu'en Amérique, on voit des gens après leur mort comme s'ils étaient vivants. Il s'agit là de procédés antichrétiens.

Et même antireligieux, puisque les premiers hommes enterraient leurs défunts.

Oui. Un tel comportement devant les défunts constitue une régression, une décadence.

C'est un phénomène nouveau, fort bien dénoncé par Pierre Chaunu, par exemple, un peu comme la déchristianisation est un phénomène nouveau et sensible. Pensez-vous qu'il y aura un retour en arrière ?

Bien sûr, on le voit avec les sectes, par exemple.

Oui, mais enfin le développement des sectes à travers le monde n'a rien de très réjouissant.

Tous ces malheurs viennent sans doute de ce que l'Eglise, depuis le concile Vatican II, s'est trop tue sur l'aspect mystique et mystérieux de la prière liturgique.

Il est un autre phénomène, tout aussi inquiétant, qui se développe aujourd'hui dans nos sociétés : le suicide et notamment celui des jeunes. A ce sujet, Montherlant vous avait posé la question suivante: «Pour saint Thomas, le suicidé risque-t-il la damnation ?»

Montherlant et moi étions très liés. Un jour, il m'avait dit: «Guitton, si vous disiez du mal du pape et que vous soyez un peu pornographe, on dirait que vous êtes un grand écrivain.» Il m'a fait venir, à la fin de sa vie, pour me consulter, en me priant de ne pas aller prendre l'avis des prêtres. Je lui en fis la promesse. Les questions étaient les suivantes: «Peut-on "mourir en chrétien", en refusant les funérailles catholiques?» J'ai tenté de répondre à ces questions. L'idée de damnation, je ne crois pas qu'elle soit juste. Personne ne croit vraiment à la damnation: la damnation d'un seul être humain serait l'échec de la Rédemption. Nous en avons suffisamment discuté. Pour les funérailles catholiques, j'ai dit à Montherlant qu'elles étaient un honneur, et que l'on pouvait toujours refuser un honneur.

S'agissant du problème du suicide, qui relève de la foi, j'ai probablement insisté sur le prix de la vie, de la survie pour soi, mais aussi pour son entourage; j'ai dû rappeler à Montherlant que l'animal ne se tue pas, que seul l'être libre possède ce privilège.

On a l'impression que le développement du matérialisme s'accompagne d'une recrudescence des suicides. Pire, on apprend que des groupes d'hommes et de femmes mettent fin à leurs jours collectivement. Qu'en pensez-vous ?

Nous ne pouvons pas, à notre époque, prévoir l'avenir. Mais nous pouvons admettre que nous allons connaître au siècle suivant des phénomènes, des cataclysmes, des catastrophes que l'humanité n'a pas encore connus dans sa tragique et très longue histoire. C'était une idée du père Teilhard de Chardin. C'était aussi ce qui obsédait Althusser. C'est en fait l'idée de tous ceux qui, à l'heure actuelle surtout, étudient les progrès de la biologie, de la génétique et attendent un je ne sais quoi qui caractérisera le XXIe siècle.

Le désespoir individuel, la désespérance vont de pair avec la prescience de ces cataclysmes à venir. Et puis, il ne faut pas oublier que le suicide est un cas particulier qui relève d'un problème plus vaste et plus général, à savoir celui du vieux précepte : « Tu ne tueras pas. » En d'autres termes celui du respect de l'homme du point de vue de la vie et de la mort. « Tu ne tueras pas » est une loi inscrite dans l'Ancien Testament et qui est passée dans les commandements suprêmes. Et cette loi s'applique d'abord aux autres, mais aussi, nécessairement à soi-même. L'interdiction, la réprobation, la condamnation du suicide est un cas particulier du respect de la vie humaine.

Je suis donc bien sûr contre le suicide. Cela dit, je remarque beaucoup de suicides parmi les jeunes et je connais beaucoup de familles qui ont été éprouvées par le suicide de leur enfant. Alors j'ose prétendre que je comprends un peu ces suicides. Après tout, un enfant de vingt ans n'a pas demandé à naître, et puis, tout à coup, ses parents le projettent dans l'existence sans lui demander son avis : eh bien, puisque vous m'avez fait ce mauvais tour de me forcer à exister, je vous ferai ce mauvais tour de quitter cette terre où vous m'avez projeté...

Oui, mais tous les enfants de vingt ans se sont posés ces mêmes questions depuis le commencement du monde.

Sauf qu'à notre époque, ces enfants ont acquis une autorité, une souveraineté, une indépendance tout à fait nouvelle par rapport à leurs parents. Le concile est une bonne date à cet égard. Depuis cet événement, le lien d'autorité du père sur ses enfants s'est relâché. Les enfants sont plus conscients d'eux-mêmes et tout a beaucoup changé du point de vue de l'autorité paternelle. Le concile a insisté beaucoup plus qu'auparavant sur l'idée qu'un individu, qu'un fidèle était responsable de son propre destin. Autrefois – et j'ai vécu cinquante ans avant le concile – l'enfant que j'étais se trouvait imprégné du devoir d'obéissance et ne concevait pas sa personnalité comme quelque chose de distinct ou d'autonome. Depuis lors, on ne cesse de répéter que c'est la liberté qui est première, qui est entière. Que la personnalité de l'être humain ne peut se développer que d'une manière pour ainsi dire révolutionnaire. Aujourd'hui, un enfant obéit à lui-même et à son for intérieur. Et cette attitude – ce droit ou ce devoir de désobéissance à la lumière de la conscience individuelle – s'est généralisée, jusque dans des institutions où elle n'avait jamais été reconnue et où ce droit n'avait jamais été proclamé, comme l'armée par exemple.

Le jeune qui met fin à ses jours exercerait alors d'une façon tragique ce droit à la désobéissance ?

Oui. Mais il obéit à quelque chose qu'on a mis au-dessus de tout, qui est sa propre conscience. Je n'approuve pas cela, mais, en un certain sens, je le comprends, étant donné les changements de mentalité.

Le problème du mal

Selon le père de Lubac, Fedor Mikhaïlovitch pense que le Christ n'est pas venu expliquer la souffrance ni résoudre le problème du mal : il a pris le mal sur ses épaules, pour nous en délivrer. Quelle est votre position sur cette question ?

Je répète ce que j'ai lu dans le catéchisme. Cependant, il est clair que si j'adopte le point de vue d'un incroyant, je trouve le problème du mal insoluble. Comme Bergson (et la petite Thérèse de l'Enfant-Jésus), je pense que si l'on m'avait proposé un plan pour faire la Création et que j'eusse vu qu'il y aurait un damné, je n'aurais rien fait. Autrement dit, je pense que l'idée catholique qu'il y a en fait un seul être humain « damné » est difficile à supporter. Elle s'est concrétisée dans l'idée de ce que l'on nomme l'enfer.

La révolte des anges.

Satan ? Je préfère ne pas y penser. Le père Teilhard de Chardin cherche à évanouir le problème du mal. Il n'y a pas de problème du mal pour le père Teilhard de Chardin, il y a le problème du « complexe » et du « non-complexe ».

Maître, dans les dogmes de l'Eglise catholique, nous sommes obligés de croire que l'enfer existe, mais nous ne sommes pas obligés de croire qu'il y a quelqu'un dedans.

Il n'y a personne, mais il y a au moins un ange, appelé Satan.

C'est un ange, pas un être humain.

Cela revient au même du point de vue de Dieu. Pourquoi Dieu a-t-Il fait un monde dans lequel il y a un seul ange damné ?

Parce que les anges se sont révoltés.

Cela revient au même. Pourquoi Dieu a-t-Il permis la révolte des anges, alors qu'Il aurait pu l'empêcher ?

Il faudrait là, relire Anatole France citant Origène... ou mieux encore, Leibniz qui, dans les Essais de Théodicée, *tente de concilier l'existence du mal avec la bonté divine...*

Vous ne vous en sortirez pas. Le problème du mal est ultime, insoluble. Il vaut mieux n'en pas parler.

Tout de même, ce problème du mal, quand on le rapporte au martyre du Christ...

Le problème du mal, c'est le problème de Satan. J'ai l'idée, qui était celle de Bergson, que si l'on m'avait proposé différents schémas, différents plans comme dans l'armée, que si, avant de créer le monde (j'étais bien tranquille au paradis, avec moi-même, en moi-même, pour moi-même, comme étant le Tout-puissant, et puis surtout le Père, enfin ayant toutes les qualités possibles), on m'avait dit : « Voilà un plan où il existe une créature qui pèche et qui est vouée au feu éternel. Il y a Satan. » Eh bien, j'aurais dit : « Moi, je préfère ne rien faire plutôt que de créer un monde où il y ait un seul damné. » Quand on discute avec quelqu'un sur la religion, au bout d'un certain temps, quand on a dialogué pendant deux ou trois heures, il vous pose le problème de l'enfer.

Mais ne croyez-vous pas que le problème du mal et le problème de la foi s'interpénètrent ? Il est un homme que vous estimiez beaucoup. Il s'appelait Camus. Dans La Peste, *le docteur Rieux, devant l'agonie d'un petit pestiféré, lance au père Paneloux : « Si Dieu existait, comment pourrait-Il laisser mourir ainsi cet innocent ? » Et le père Paneloux de rétorquer : « Pour comprendre, il faut la foi . »*

Je ne vous dis pas le contraire, mais même avec la foi, comment expliquer l'inégalité des conditions ? Comment expliquer que Dieu récompense l'homme qui a travaillé toute la journée et récompense de la même manière celui qui n'a travaillé qu'une heure dans la journée ? Autrement dit, comment comprendre que Dieu accorde sa grâce à l'un, Pierre, et ne la donne pas à l'autre, Judas ; alors que Dieu est libre de la distribuer à l'un et à l'autre. Alors comment expliquez-vous cela ? Je n'en sais rien. Si j'avais été Dieu, et qu'on m'eût dit : « Dans ce plan-là, il y a Satan, c'est-à-dire le Démon », je n'aurais rien fait du tout parce que l'idée commune des catholiques, c'est qu'il n'y a peut-être pas de damnés parmi les hommes, mais qu'il y en aura un éternellement parmi les anges, à savoir Satan. Alors, je n'explique pas.

Mais pourquoi ? Cela fait partie des mystères du christianisme.

C'est l'inégalité des conditions qui avait beaucoup frappé les gens au temps de Pascal. Comment expliquer qu'il y ait des justes qui ont reçu la grâce, tel Pierre, et qu'il y ait des justes auxquels la grâce a manqué, tel Judas. Expliquez-moi cela... C'est le mystère du mal, le mystère de la souffrance.

Comment voulez-vous aussi que j'explique le mystère de l'Incarnation ou celui de la Trinité ? Je ne peux pas les expliquer non plus.

C'est très différent. Le mystère de l'Incarnation est un mystère où tout est beau, tout est grand, tout est noble, tout est divin ; tandis que là, c'est l'inégalité des conditions... et ce mystère, on le retrouve partout, à chaque moment de l'existence et jusque dans le programme des candidats à la présidence de la République qui promettent tous d'essayer de réduire l'inégalité des conditions. Observez la vie dans nos sociétés : il y a des gens qui sont chômeurs, et il y en a d'autres qui ne le sont pas.

Vous savez très bien que l'argent n'est pas le seul critère – ni le critère le plus important – de cette inégalité des conditions ? Vous-même, vous auriez sans doute pu vous enrichir. Vous auriez pu marchander votre talent ; or vous ne l'avez pas fait.

Non, mais je vous pose le problème du damné. C'est l'inégalité des conditions qui fait que Dieu a donné à Pierre des grâces considérables qu'il n'a pas données à Judas.

D'un autre côté, vous avez aussi des jeunes filles humbles comme Thérèse, qui se sont éteintes dans des souffrances terribles.

Le problème suprême, c'est l'inégalité des dons de Dieu.

Le Christ a tout de même bien dit: «A ceux qui auront beaucoup reçu, il sera beaucoup demandé; à ceux qui ont peu reçu, il sera peu demandé.»

Il a dit aussi : « Celui qui a, quel qu'il soit, on lui donnera avec surabondance; mais à celui qui n'a pas, même ce qu'il a lui sera enlevé. »

C'est moins connu.

C'est moins connu, mais enfin Il l'a dit: on donnera à celui qui a, et il sera dans l'abondance; et à celui qui n'a pas, on lui enlèvera même ce qu'il a. C'est effrayant.

Mais ce n'est pas là la leçon essentielle de la parabole des talents.

Oui, mais j'en reviens à l'inégalité des conditions.

L'inégalité des conditions peut s'exprimer aussi dans la maladie, et non pas seulement dans la richesse.

Oui, mais quand on dit que Dieu est bon, comment un être bon peut-il faire des êtres qui vivent des conditions excessivement inégales ? Si vous étiez Dieu, vous ne l'auriez pas fait, il me semble. Le problème des problèmes, c'est que s'il y a du mal, il y a du mal dans le monde. Alors, c'est que Dieu n'est pas bon. Voilà la grande difficulté qu'expriment la plupart des gens.

Et ce mal s'exprime souvent dans les aspects les plus quotidiens de notre vie. Comment peut-on répondre, par exemple, à la méchanceté, à la jalousie que l'on rencontre parfois chez autrui ?

« L'homme, est un loup pour l'homme. » Vous connaîtrez toujours les deux défauts principaux des hommes que sont la jalousie et la vanité. La plupart des hommes que vous voyez (et par hommes j'entends aussi bien les femmes) ont des imperfections. Il faut prendre les hommes et les femmes avec leurs défauts ; il faut vous faire à l'idée que vous ne serez jamais pleinement compris. Chacun est unique au monde. Comment voulez-vous qu'il soit compris ?

Vous connaissez ce passage retrouvé dans le carnet d'un normalien, l'aspirant André Zirnheld, tué à l'ennemi en 1942, qui, s'adressant à Dieu, termine sa prière en disant : « Car Vous seul donnez ce qu'on ne peut obtenir que de soi. »

C'était une pensée où sont réunies les deux choses contraires et contradictoires, à savoir la liberté et la grâce.

Pourquoi contradictoires ?

Parce que Dieu a donné sa grâce à Pierre, il l'a refusée à Judas.

Oui, alors qu'avant que le coq eût chanté deux fois, Pierre avait renié Jésus par trois fois.

« On donnera à celui qui a ; à celui qui n'a pas, on enlèvera même ce qu'il a. » C'est une difficulté que l'inégalité des dons de Dieu.

Toute votre vie, cela vous a obsédé.

Comment voulez-vous que pareille injustice ne m'obsède pas ? Et ce, dès l'âge de cinq ans. Ma mère était – je ne sais pas comment on appelait cela – visiteuse des pauvres, dame de la charité. Ma mère m'emmenait voir des pauvres, quand j'avais cinq ans. Je me disais : « Comment se fait-il ? Moi, je suis riche, j'ai une belle maison, un beau jardin, et puis il est de pauvres gens qui s'entassent dans des taudis. »

Mais cette situation douloureuse, scandaleuse, n'enlève pourtant rien, du point de vue chrétien, à la dignité humaine.

Cela n'enlève rien à la dignité humaine, mais quelque chose à l'idée qu'on se fait de la justice de Dieu.

Comment vivre après avoir perdu la foi

S'il vous arrivait de perdre la foi, quel serait votre dieu ?

Mon dieu, ce serait d'abord la beauté ; ensuite, ce serait la recherche de la vérité ; enfin l'exercice de l'amour. Je tâcherais d'être bienfaisant.

Autrement dit, vous chercheriez à retrouver Dieu.

Puisque j'aurais perdu la foi, je n'aurais pas une idée religieuse de Dieu et je pourrais même dire que je n'y crois pas, à l'exemple de Jacques Lanzmann ; mais je m'approcherais de lui par des voies parallèles. J'ai été frappé, en causant avec Lanzmann, de voir que ce grand athée qui ne croyait qu'à la matière, était au fond un mystique. Alors, je me demande très souvent si ceux qu'on appelle des athées ne sont pas des mystiques qui s'ignorent, des « guittonniens » inconscients.

Ce serait, selon l'expression du père Valensin : « L'amour infini qui aurait tort de ne pas exister et non pas vous d'avoir cru en lui. »

Le père Valensin transformait le problème de l'existence de Dieu en un autre problème, celui de l'exigence de Dieu. Il pensait que si l'on avait l'exigence de Dieu, l'existence ou la non-existence de Dieu importait moins. Le curé d'Ars pensait de même quand il affirmait : « Si, à ma mort, je m'aperçois que Dieu n'existe pas, je serai bien *attrapé*, mais je ne regretterai pas d'avoir passé ma vie à croire à l'amour. » C'est la même idée : peu importe que Dieu existe ou n'existe pas. C'est un problème insoluble pour beaucoup ; ce qui importe, c'est que moi, je pose les conditions que je mets à son existence.

Deuxième partie

Les « justes »

Les deux sources de la morale
Bergson

Dans votre livre La Vocation de Bergson, *vous confessez : « Il y avait entre Bergson et moi tant de distance que je n'oserai jamais me dire son ami : il ne me faisait pas de confidences. »*

Je songe à ceux qui ont fait des livres sur Bergson en disant : « Bergson m'a parlé confidentiellement »... En particulier, mon maître, Jacques Chevalier a fait plusieurs livres fondés sur ses conversations particulières avec Bergson.

Comme vous êtes le dernier héritier spirituel de Bergson, cette attitude s'explique. « Plus que tout autre, Bergson savait que l'oubli est la face obscure de la mémoire. »

Quand on réfléchit sur ce que sont les rapports de la matière et la mémoire, comme l'a fait Bergson, on est amené à considérer que la faculté de la mémoire a deux faces : l'une, le souvenir, par lequel le passé revient à la surface du présent ; l'autre, l'oubli par lequel le passé disparaît. Si la mémoire n'avait pas la possibilité d'oublier, nous serions malheureux. Par conséquent, l'oubli est une forme désirable de la mémoire.

Vous définissez le premier appel bergsonien comme « un appel vers la rigueur scientifique, vers l'expérience positive, vers tout ce qui s'était amalgamé autour du mot science à la fin du XIXe siècle. De ce point de vue, la vocation de Bergson, par de nombreux points, fut analogue à la vocation de Darwin, de Pasteur et de Pierre Curie ; ce fut une vocation à l'auscultation de l'expérience ».

La caractéristique de Bergson est d'avoir rappelé que la rigueur de la méthode scientifique, qui était l'idole du XIXe siècle, allait servir à l'étude de la vie morale et de la vie intérieure. En un certain sens, Bergson est un positiviste par son culte de la rigueur scientifique, mais c'est un positivisme qui renverse, pour ainsi dire, le positivisme du XIXe siècle et qui, au lieu d'utiliser le positivisme pour détruire la vie intérieure, l'utilise pour la restaurer plus belle encore.

Vous ajoutez : « Il y eut toujours chez Bergson un autre appel, plus profond peut-être, et qui tenait à la spiritualité héréditaire : peut-être cet appel était-il de nature mystique ? »

Je crois que, depuis sa naissance jusqu'à sa mort, qui a été une mort quasi catholique, Bergson a été sans le proclamer, sans le professer, un mystique : quelqu'un qui écoutait au-dedans de lui une voix mystérieuse. L'idée bergsonienne est que, lorsqu'on approfondit l'inférieur, on trouve le supérieur. Bergson, à mon point de vue, a été dès l'origine, ce qu'il est devenu à la fin de sa vie d'une manière explicite, un mystique, c'est-à-dire quelqu'un qui, sans le savoir peut-être, sans le vouloir peut-être, sans le proclamer certainement, avait une expérience de la vie mystique, de la transcendance, dans la mesure où la transcendance s'est intériorisée. De ce point de vue-là, il est très frappant de voir que, lorsqu'il cherche la raison dernière, lorsque sous l'Occupation, il se prépare à disparaître de ce monde, Bergson dit explicitement ce qu'il n'avait jamais dit implicitement, à savoir que la morale a deux sources : l'une est sociale, l'autre intime.

Bergson écrit : « Dieu est inutile. Ceci est tout à fait contraire à ma pensée. Pour le néant, c'est rendre tout à fait incompréhensible l'idée de Dieu que celle de l'univers. »

Naturellement, Bergson n'avait pas lu Sartre et le mot de néant était rarement venu sous sa plume. Mais l'idée de Bergson qui est dessinée ici, il la ressuscite quand tout, après Husserl, après Heidegger, repose sur l'absurdité ; Bergson, s'il revenait de nos jours après avoir lu les philosophes qu'on appelle les phénoménologues (comme Husserl, comme Heidegger) serait un philosophe anti-Sartre au dernier degré. Sa métaphysique ne serait pas la métaphysique du néant, mais un retour à l'être.

Il écrit aussi : « Ma critique de l'idée de néant n'est nullement dirigée contre l'idée de Dieu, mais contre une conception telle que celle de Spinoza par exemple. »

C'est cela. Bergson a souvent critiqué l'idée de néant en montrant que le néant n'est qu'une illusion. Par exemple, je cherche mon crayon et je m'aperçois que mon crayon n'est pas là ; cela ne veut pas dire que le néant de mon crayon existe, cela signifie que j'attends de trouver mon crayon, que je ne trouve pas ; de sorte que le néant n'est jamais qu'une impression subjective que nous avons quand nous cherchons une chose et que nous ne la trouvons pas. De ce point de vue là, il n'y a pas de néant réel puisque le néant résulte d'un état d'esprit.

Vous rendez l'hommage suivant à la mère de Bergson : « Elle avait élevé seule plusieurs enfants, dont l'un s'élevait au-dessus des autres, épi plus chargé et à sa secrète ressemblance. La substance de plusieurs esprits est faite de ce qu'une mère pieuse leur a révélé dans l'ordre du sublime. On peut penser que c'est d'elle que Bergson recueillit cette expérience de l'intuition en tant qu'elle est distincte de l'intelligence opératrice. »

Tout ce paragraphe que vous venez de citer répond à une lettre que j'avais écrite à Bergson en lui envoyant un petit livre que j'avais composé sur ma mère. Cet ouvrage, je le lui avais envoyé. Il m'avait répondu que ce que j'avais écrit sur ma mère correspondait à ce qu'il avait senti sur sa propre mère. Cela consistait à dire que tout ce qu'il y avait dans son œuvre, d'intérieur, de caché, et qui avait éclaté en particulier vers la fin de sa vie dans *Les Deux Sources de la morale et de la religion*, tout cela se trouvait déjà dans le cœur de sa mère ; de sorte que la véritable cause de l'œuvre de Bergson, de cette œuvre qui est un retour au spiritualisme et à la mystique, il faut en chercher l'origine dans la femme qui l'a conçu. Bergson m'avait dit que sa mère vivait à Londres. Elle avait alors quelque quatre-vingts ans et Bergson lui écrivait tous les mercredis.

Il est curieux de penser que l'union d'un musicien slave et d'une jeune fille anglaise va donner naissance à un philosophe si français.

C'est une observation que l'on peut faire assez souvent quand on étudie les ascendants d'un être connu comme Churchill ou de Gaulle : on s'aperçoit que le génie vient souvent de ce qu'on unit dans sa substance biologique des hérédités opposées.

Charles Du Bos émet un jugement assez sévère sur Bergson quand il écrit : « Il s'interpose toujours comme un personnage tout à fait conventionnel, banal, qui dit juste ce qu'il faut dire... Il n'est pas du tout inhumain, mais pour ainsi dire, anhumain... »

Je ne sais pas si ce jugement est vrai. Je crois que c'est le contraire qui est vrai ; dans le cas de Bergson également, quand il parlait en public, lorsqu'il vous recevait et causait avec vous, lorsqu'il faisait une conférence devant les jeunes, lorsqu'il s'efforçait d'exprimer des choses profondes dans le langage de tout le monde.

Je poursuis dans votre texte : « Il ne suffit pas de dire que, chez Bergson, il y a séparation des deux moi. La vérité, c'est qu'il n'existe que dans et par le moi profond : le moi de surface est d'une projection tout artificielle, d'où l'absence totale d'échange entre les deux moi. »

J'exprime là cette distinction qu'il faisait entre un moi superficiel, qui est le moi social, le moi des bavardages, le moi mondain des conversations et le moi véritablement intérieur et caché, qui s'exprime surtout par le silence. Cette distinction des deux moi était évidente chez Bergson, et on peut dire qu'on la retrouve sous-jacente dans la plupart de ses œuvres.

Justement, ce Bergson « social », pris entre ces deux moi, vous l'avez beaucoup observé et vous notez entre autres ceci : « Je croyais remarquer dans sa voix comme un très léger retard du corps par rapport à l'âme : ce qui donnait l'impression délicieuse de l'incarnation. Cette âme, se disait-on, elle n'est pas son corps. Elle consent à s'y loger. »

J'avais écouté Bergson et j'avais remarqué qu'il improvisait ce qu'il disait. Il y avait un très léger retard d'une demi-seconde entre les syllabes du mot qu'il prononçait.

Comme Paul VI.

En effet, comme Paul VI. Bergson disait ap-pro-fondir. C'était là qu'il détachait les syllabes et qu'il laissait entre les syllabes, une petite demi-seconde d'hésitation apparente. Alors était-ce un truc, était-ce, au contraire, une habitude ? Je n'en sais rien ; mais tous ceux qui ont écouté Bergson ont été sensibles à ce charme, ce je ne sais quoi de sa parole, qui paraissait inventer et découvrir ce qui était caché. Et c'est ainsi que quand il faisait ses conférences célèbres au Collège de France, conférences, je vous le rappelle, auxquelles assistait Péguy, il tenait ses auditeurs en haleine : il leur donnait l'impression de découvrir, en un certain sens d'inventer, ce qui passait sur le bord de ses lèvres.

Une autre de vos remarques : « Bergson conduisait ses pensées, quoiqu'il eût l'air de les rencontrer avec bonheur et même d'être surpris de les voir apparaître. »

Il donnait l'impression (était-ce vrai, était-ce le résultat d'une coquetterie ? Je n'en sais rien) quand il parlait, surtout en public, d'être étonné lui-même de ce qui sortait de sa bouche.

« J'assistais à la surgie de la pensée, expliquez-vous, sortant tout armée comme Pallas, avec son bouclier d'or sous le soleil. »

C'est un peu une autre façon de dire la même chose.

Une façon qui ne dissimule guère l'admiration que vous aviez pour lui : « Bergson avait de la pudeur dans toutes ses fibres. Ce que l'on appelle pudeur est un peu difficile à définir ; c'est un mot qui souvent, dans ce que j'ai écrit, est apparenté à la timidité. Bergson était un grand timide comme bien des personnages de l'histoire. » Vous-même, vous considérez-vous comme timide ?

Certainement je suis très timide. Je suis obligé quand je veux vaincre ma timidité de faire un effort sur moi-même et d'être « impudique ». Mais ce que j'appelle pudeur, c'est une espèce de faculté qui nous avertit à chaque instant de ce qu'il faut dire et de ce qu'il faut cacher. Or, cette faculté, Bergson la possédait au plus haut degré, à tous points de vue. D'abord, à cause de son éducation, à cause de ce qu'il était né loin de la France, à cause des rapports qu'il avait sans arrêt avec des esprits très différents de lui, à cause aussi de l'influence qu'avaient eue sur lui dès son enfance, les grands mystiques ; en particulier, il avait beaucoup apprécié les réponses de Jeanne d'Arc à son procès et il avait donné à sa fille le prénom de Jeanne, en souvenir de Jeanne d'Arc. Il disait que Jeanne d'Arc était une mystique de la patrie. Il est certain, qu'à notre époque, il aurait parlé avec beaucoup de nuance, de Thérèse de l'Enfant-Jésus, qui est très bergsonienne. Pour toutes ces raisons, la pudeur, à mon point de vue, entendue dans le sens que je définis, caractérise, d'une manière exacte, le je ne sais quoi, qui était un charme de Bergson.

Vous dites également que Bergson n'a jamais dit non à la notoriété. Autrement dit, qu'il manquait un peu d'humilité.

Il n'avait pas à être humble ou pas humble. En général, dans la vie de Bergson, quand il y avait une marche à monter pour arriver à une position supérieure, quand il s'agissait de poser sa candidature à un poste supérieur à celui qu'il occupait, il ne négligeait jamais de le faire. Quand il s'est agi d'être candidat au Collège de France, il a été candidat dès le départ; d'être membre de l'Académie, il l'a été; d'aller en Amérique pour décider le président des Etats-Unis à entrer en guerre aux côtés des Alliés, il l'a fait. Autrement dit, il avait, au plus haut degré, la caractéristique du courage; de ce courage qui va toujours plus loin que la pudeur: quand on est pudique, en général, on est timide, on est craintif, on se retire des choses, tandis que, quand on est « impudique », quand on est courageux, on va au-devant des dangers. A mon point de vue, Bergson a été admirable non pas tant dans ce qu'il a souffert, mais dans ce qu'il a assumé. Il a sans cesse rempli des tâches très lourdes: en particulier, à la Société de Nations; et avant, pendant la Première Guerre mondiale il a accepté, malgré les périls, de traverser l'océan Atlantique qui était infesté de sous-marins allemands, pour décider les autorités américaines à se joindre aux Alliés.

Bergson écrit: « Si ce que j'ai pu faire a quelque valeur, c'est parce que j'ai restreint le plus possible mon champ de réflexion et d'étude. »

L'idée de Bergson qu'une des raisons pour lesquelles la philosophie n'avançait pas est qu'elle ne proposait que des tâches abstraites et très générales;

qu'au lieu d'étudier les rapports de la pensée et de la mémoire d'une manière obscure, abstraite et très générale, il fallait prendre un point très particulier, c'est-à-dire étudier les rapports des maladies cérébrales avec les phénomènes physiques : par exemple, le rapport qu'il peut y avoir entre les lésions de langage et les lésions de la troisième circonvolution frontale gauche. Me fais-je comprendre ? Autrement dit qu'il fallait restreindre son attention à un point excessivement petit et limité. Dans cet esprit, la grande règle qu'aurait donnée Bergson, si on l'avait interrogé, c'est : « Concentre-toi, concentre-toi, sur un seul point très défini. C'est ainsi que tu feras avancer la science. Au contraire si tu veux être obscur et général, tu aboutiras à des abstractions qui n'auront aucun rapport avec le progrès scientifique. »

Pourtant, vous écrivez a contrario *: « Lorsque Bergson se rapproche de la religion, il ne semble pas que ce soit d'abord la personne du Christ qui l'ait attiré, mais le christianisme envisagé comme un courant : le corps mystique le fixa plus que la tête de ce corps. Le mysticisme l'attirait plus que tel mystique particulier. »*

Quand Bergson s'est mis à étudier la religion, il a pris, au début dans ses livres, une attitude excessivement prudente. Il est rentré en rapport avec mon ami Couchoud qui professait alors que le Christ n'avait jamais existé. Bergson lui a rétorqué : « Peut-être que le christianisme est un mythe ; je vous suivrai donc sur ce terrain. J'accepte provisoirement l'idée que tout cela est inventé. Mais, mais il est quelque chose qui n'est pas inventée : le *Sermon sur la montagne.* Dans le *Sermon sur la montagne*, il y a un ton, un son, une annonce, une divinisation nouvelle ; et moi, par conséquent, je n'ai besoin pour l'étude scientifique, théosophique, mystique du christianisme, que du *Sermon sur la montagne.* Avec le *Sermon sur la montagne* seul, je sens, je pressens, je devine, j'accomplis la révolution chrétienne dans son essence, qui a été de recouvrer la vie intérieure. » En somme, la révolution chrétienne pour Bergson, c'était si j'ose dire être bergsonien, deux mille ans avant Bergson.

Ce que vous dites me rappelle ce mot de Bergson à Charles Du Bos : « Le génie consiste peut-être essentiellement à prendre et à garder le contact avec un certain courant intérieur. »

Cela revient à répéter sous une autre forme ce que nous venons de dire.

« Bergson n'a jamais, ajoutez-vous, identifié mysticisme et christianisme. Il éprouvait la différence de ces deux essences. »

Disons plutôt que Bergson était mystique beaucoup plus que chrétien si l'on peut dire. Il est allé non pas du christianisme au mysticisme, mais du mysticisme au christianisme.

Au sujet de la religion catholique, Bergson vous confiait : « Il y a encore bien du "statique" dans le "dynamique", que le principe d'une religion surnaturelle comme la religion catholique était de faire monter la matière (l'eau, le pain, l'humanité, la masse humaine) jusqu'au niveau de l'esprit, du pneûma. »

Quand Bergson étudiait le comportement de catholiques qui l'entouraient, il était frappé de voir chez les catholiques, l'alliance très curieuse d'une pratique sacramentelle, rituelle, qui pouvait paraître un peu superstitieuse, avec le développement de la vie intérieure profonde. Il se posait, à la fin de sa vie, le problème du rapport du sacrement, comme l'hostie consacrée avec la grâce. Dans *Les Deux Sources de la morale et de la religion*, il est des pages très belles sur ce point-là, sur la découverte de la vie intérieure profonde.

Vous citez, toujours à propos de Bergson, cet aphorisme de Leibniz : « Les choses inférieures existent dans les choses supérieures d'une manière plus noble qu'en elles-mêmes. »

J'ai souvent cité en effet cet aphorisme de Leibniz, qui est très bergsonien.

« Je ne connais, disait Bergson, que la religion chrétienne pour avoir ainsi le pouvoir, je ne dis pas de corriger l'homme ancien, *mais de faire apparaître soudain en lui* l'homme nouveau. *» Il se tut dites-vous, et ajouta : « est-ce bien le même ? »*

Entre *l'homme ancien* et *l'homme nouveau*, il y avait quand même la révolution de l'enseignement de Jésus-Christ. Bergson pensait que l'homme nouveau n'aurait jamais existé s'il n'y avait pas eu le Christ.

Le christianisme ne pouvait pas réussir sans paraître s'identifier avec ce qui avait été avant lui, alors qu'au fond, il n'en subissait pas l'influence, car il était une nouveauté absolue.

Beaucoup de savants, surtout actuels, en examinant le christianisme, trouvent qu'il a des sources, et qu'il ressemble à ce qui existait avant lui, tandis qu'au contraire Bergson trouve qu'il a peut-être des sources, mais qu'il apporte une révolution profonde.

Vous ajoutez : « Je lui demandai comment il fallait entendre ce passage des Deux Sources *: "Mysticisme et christianisme se conditionnent l'un l'autre indéfiniment. Par le fait, à l'origine du christianisme il y a le Christ. Du point de vue où nous nous plaçons et d'où apparaît la divinité de tous les hommes, il importe peu que le Christ s'appelle ou ne s'appelle pas un homme. Il n'importe même pas qu'il s'appelle le Christ. Ceux qui sont allés jusqu'à nier l'existence historique de Jésus n'empêcheront pas le* Sermon sur la montagne *de figurer dans l'Evangile avec d'autres divines paroles. A l'auteur on donnera le nom que l'on voudra, on ne fera pas qu'il n'y ait pas eu d'auteur." »*

Bergson dit à peu près ce que je rappelle sans arrêt, que ce qui fait la nouveauté du christianisme, ce n'est pas l'existence concrète, historique du personnage appelé Jésus de Nazareth, mais le mysticisme ; à l'état pur, il le trouve dans le *Sermon sur la montagne.*

Autre chose, j'ai remarqué que Bergson est l'un des rares moralistes à prétendre que l'homme est plus émotif que la femme.

Bergson avait l'idée que les véritables émotifs ne sont pas les femmes : il pensait que l'émotion féminine est en partie sensible ; elle est liée à la fonction de la femme qui est de porter l'enfant, de l'allaiter ; mais que, en réalité, les hommes étaient plus sensibles. Non les femmes : il avait vu souvent des femmes, quand on tirait le canon autour d'elles, qui ne bronchaient pas. Bergson pensait sans doute qu'il y avait plus de féminité dans Pascal que dans Thérèse d'Avila.

Pour Bergson, l'émotion était l'annonce, l'accompagnement, le signe de la création. C'est dans ce sens qu'il disait un jour, nonchalamment, que le travail intellectuel « naît d'une concentration de l'esprit avec à la base une émotion pure ».

Bergson donnait souvent aux mots un sens nouveau. Par exemple, au mot *instinct*, au mot *intelligence*, au mot *matière*, au mot *mémoire*, au mot *mysticisme*, Bergson a passé son temps à changer le sens des mots, des vieux mots de la langue française. De ce point de vue-là, il ressemble aux grands esprits, aux grands philosophes, de même que Cézanne a changé la perception des couleurs, de même Bergson a changé la perception dans la conscience des mots. En particulier, il a donné au mot émotion une acception qu'il n'avait pas ; l'émotion est une espèce de frémissement secret que l'être sent quand il est en contact avec le mystère des choses. Alors il pensait que de ce point de vue, l'homme a beaucoup plus de sensibilité que la femme.

Bergson représente Socrate divisé entre deux vocations, qu'il veut unir. L'une de ces vocations est la vocation que l'on pourrait de nos jours appeler « scientifique ». Mais en même temps, Socrate, à la différence des sages Grecs est un esprit religieux, habité par un démon qui l'empêche d'accomplir certains actes...

Bergson a fait ce que font presque tous quand ils font l'histoire de la philosophie, il a projeté sur Socrate sa propre expérience. Qu'était-ce Bergson ? C'était un type qui avait appliqué au monde moral les méthodes qu'on appliquait jusque-là seulement au monde physique et qui avait découvert le monde moral par des méthodes positives. De même Bergson se projetait dans Socrate et quand il parle de Socrate, il parle de lui-même.

Vous écrivez : « L'unité de ces vocations ne peut réussir qu'en hauteur, comme l'ogive d'une cathédrale. Il s'agit de créer une forme de pensée et de la vie qui soit à la foi scientifique et religieuse. »

C'est encore la même chose sous une autre forme.

Parlez-moi de la métaphysique positive de Bergson.

En général ce qu'on appelle la métaphysique, c'est quelque chose d'abstrait, qui est très loin du concret, de ce que vous nommez le quotidien. Bergson a voulu faire descendre la métaphysique du ciel sur la terre. Il a voulu nier ce qu'il appelait une métaphysique positive ; il a voulu créer un positivisme qui soit métaphysique. J'en reviens toujours à cela. Evidemment c'est ce qu'avait fait Socrate ; en un certain sens c'est ce que fera Pascal.

On trouve chez lui nombre d'exemples de cette « redescente » de la pensée dans le quotidien. La question de la politesse en est un. Il en donnait du reste cette définition : « Elle consiste à ménager la sensibilité des autres hommes, à faire qu'ils soient contents d'eux et de nous. »

En effet. Bergson était très poli comme souvent les personnes bien élevées de son temps. Quand il était élève à l'Ecole normale, il souffrait beaucoup de la vulgarité de ses compagnons. Il y avait chez Bergson un peu du gentilhomme parfaitement élevé et timide. Alors l'émotion pour lui, c'était la rupture soudaine de cette timidité physique et la parution de l'intérieur qui est caché sous la timidité.

Revenons au Bergson qui, à la fin de sa vie, s'applique au problème de la religion.

Bergson s'était toujours préoccupé du problème de la religion, étant donné que les problèmes qu'on appelle religieux avaient toujours été dans son horizon. C'est à la fin de sa vie qu'il a pleinement réalisé ce qu'il avait aperçu, à savoir l'existence véritablement religieuse ; c'est à la fin de sa vie qu'il a connu des prêtres, des chrétiens : je l'ai vu alors causer avec mon maître, le père Pouget. J'ai raconté dans mon livre, *Un siècle, une vie*, la conversation qu'il avait eue, quinze jours avant la mort de monsieur Pouget. C'était très typique : Pouget représentait pour Bergson le type même du catholique éclairé.

Quelle fut l'influence de Bergson dans votre cheminement vers l'existence de Dieu ?

Très grande. Je l'ai connu personnellement. Je lui ai parlé de cette question : l'existence de Dieu, et il m'a dit et répété pendant cinquante ans que plus il avait approfondi la réalité plus il s'était rapproché de Dieu – du Dieu de la raison, pas du Dieu de la foi. Et puis, à la fin de sa vie, du Dieu des mystiques parce qu'il avait beaucoup étudié les mystiques, en particulier saint François d'Assise et Jeanne d'Arc dont nous avons déjà parlé. Il est mort au seuil du christianisme. C'était l'époque où les Allemands occupaient Paris. Et il n'a jamais voulu ne pas porter l'étoile jaune, par solidarité avec ses coreligionnaires.

Il est une question que je me pose en vous écoutant. Bergson, pendant une grande partie de sa vie, avait-il la foi juive ?

Il avait été élevé dans la foi juive, mais il l'avait perdue.

Bergson savait bien que vous aviez la foi catholique.

Oui, il le savait mais ça ne l'intéressait pas du tout. Ce qui l'intéressait c'était de savoir quels arguments je donnais en faveur de la religion.

En tant que philosophe.

En tant que philosophe, oui.

Le cheminement qui a abouti au catholicisme à la fin de sa vie, est-ce uniquement par la recherche de la raison qu'il y est arrivé ?

C'est ce qu'il a dit dans ses *Mémoires* et dans cette fameuse lettre qu'il a écrite en 1911 au père de Tonquedec qui l'avait provoqué, à savoir que c'est la raison seule qui l'avait amené à Dieu [1].

Les Deux Sources de la morale et de la religion *seront le prolongement de* L'Evolution créatrice.

Oui. Mais le mot « évolution créatrice » est mal choisi : Bergson n'était pas heureux quand il choisissait les titres de ses livres. *L'Evolution créatrice* est à mon avis un mauvais titre : ce que Bergson veut dire, ce n'est pas que l'évolution est créatrice, mais au contraire

1. « Les considérations exposées dans mon *Essai sur les données immédiates* aboutissent à mettre en lumière le fait de la liberté ; celles de *Matière et Mémoire* font toucher du doigt, je l'espère, la réalité de l'esprit ; celles de *L'Evolution créatrice* présentent la création comme un fait : de tout cela se dégage nettement l'idée d'un Dieu créateur et libre, générateur à la fois de la matière et de la vie, et dont l'effort de création se continue, du côté de la vie, par l'évolution des espèces et par la constitution des personnalités humaines. De tout cela se dégage par conséquent la réfutation du monisme et du panthéisme en général. » (*Les Etudes*, du 20 février 1912, p. 515.)

qu'elle est créée c'est-à-dire qu'elle est procréatrice. D'où une ambiguïté qui a été à l'origine de ce fait lamentable : les écrits de Bergson ont été condamnés par Rome. A première vue, *L'Evolution créatrice* était destinée à montrer que Dieu n'existait pas ; ce qui allait à l'encontre de ce que Bergson avait dans le cœur et l'esprit, de sorte que dans le titre « Evolution créatrice », il y avait quelque chose d'ambigu, qui est très regrettable.

Du reste, Bergson ne parle pas de Dieu dans L'Evolution créatrice, *hormis par allusion discrète. Dans* Les Deux Sources de la morale et de la religion, *il ne s'attarde pas sur le Dieu des Evangiles (sauf une fois et sous une forme presque problématique). Il s'attache au contraire à un Jésus mystique, au chef des mystiques. Vous dites de* L'Evolution créatrice, *c'est son chef-d'œuvre. La matière est une retombée de l'esprit et non pas une source créatrice comme le veut le matérialisme. Pour Bergson, l'élan de la vie est en marche vers la liberté, vers la spiritualité. Bergson dira plus tard : vers la mystique, c'est-à-dire vers la sainteté.*

Ce que vous dites, c'est en effet ce que j'ai développé dans les livres que j'ai écrits sur Bergson.

Bergson note dans Les Deux Sources : *« Dieu est présent et la joie est sans bornes. Mais si l'âme s'absorbe en Dieu par la pensée et par le sentiment, quelque chose d'elle reste en dehors ; c'est la volonté : son action, si elle agissait, procéderait simplement d'elle. Sa vie n'est donc pas encore divine. Elle le sait : vaguement elle s'en inquiète, et cette agitation dans le repos est caractéristique de ce que nous appelons le mysticisme complet. »*

Vous citez le passage des *Deux Sources* où Bergson expose à sa manière l'évolution des mystiques chrétiens qui commencent par des choses extraordinaires et qui finissent par vivre la vie de tous les jours. On dirait que Bergson connaît d'avance Thérèse de l'Enfant-Jésus.

Bergson évoque « cette nuit obscure » dont les grands mystiques ont parlé, et qui est peut-être ce qu'il y a de plus significatif, en tout cas de plus instinctif, dans le mysticisme chrétien.

Il y a, en effet, cette réflexion merveilleuse, dans *Les Deux Sources de la morale et de la religion*, et qui donne un bon aperçu du génie bergsonien : « L'âme mystique élimine de sa substance tout ce qui n'est pas assez pur, assez résistant et souple, pour que Dieu l'utilise. Déjà elle sentait Dieu présent, déjà elle croyait l'apercevoir dans des visions symboliques, déjà même elle s'unissait à lui dans l'extase ; mais rien de tout cela n'était durable parce que tout cela n'était que contemplation : l'action ramenait l'âme à elle-même et la détachait ainsi de Dieu. Maintenant c'est Dieu qui agit par elle, en elle : l'union est totale, et par conséquent définitive. »

Pouget ou le détachement

Vous avez consacré à monsieur Pouget un livre auquel Alain rend hommage, quand il vous écrit : « C'est grand, c'est ancien, il n'y a pas un mot qui ne puisse suggérer une première idée. On est loin de tout. On ignore tout. On est sur le point de savoir tout... Mon maître Lagneau s'était détaché de tout mais il était encore loin de Pouget. » Vous avez connu monsieur Pouget en 1921 ; ce lazariste avait alors soixante-treize ans. Fils de paysan, aîné de six enfants, il devait, en toute logique, prendre la suite de son père. Dans sa troisième année de petit séminaire, après avoir lu Les Confessions *de saint Augustin, il se destina à la prêtrise. Dans quel esprit, maître, avez-vous rédigé votre témoignage sur ce religieux d'exception ? Comment a-t-il orienté votre vie ?*

Comme le dit Alain, comme l'a dit aussi Camus, Pouget a eu sur moi une profonde influence. Il me donnait l'impression, d'une part, de la pauvreté absolue (il était « limogé » ; il était aveugle) ; d'autre part, de l'originalité ; il ne ressemblait à personne. Enfin, il était en avance sur son temps dans de nombreuses disciplines :

du point de vue de l'exégèse (qui était sa principale occupation), mais aussi dans l'examen des découvertes scientifiques de l'époque, celle d'Einstein, de Planck, de Louis de Broglie, ceux qui renouvelaient les sciences. Je me suis appliqué à le faire connaître, à le faire vivre. Et, à la fin de ma vie, le livre que je préfère à tous mes livres est ce *Portrait de monsieur Pouget* qui a paru en France en 1940, pendant l'Occupation. Daniel Halévy a salué mon ouvrage, disant qu'il appartenait au patrimoine des lettres et de la spiritualité françaises.

Il y a beaucoup d'aphorismes très beaux, parfois étranges, chez Pouget. Quand il écrit par exemple : « On n'invente pas le Christ, car le Christ est trop gênant. »

C'est une idée de Pouget, lorsqu'il réfutait ces rationalistes qui pensent que le Christ est un mythe. Une des raisons qui fait qu'il croit que le Christ des Evangiles est historique, c'est qu'il nous impose une morale difficile : les hommes n'auraient jamais inventé pareilles règles de vie.

Ou bien, parlant des Evangiles : « C'est une photographie instantanée du Christ qui sort de l'éternité pour y rentrer. »

La formule est belle.

Sur la sainteté : « On met sur les autels, pour nous servir de modèles, des exceptions rarissimes. »

C'est une remarque importante, en effet. Car la notion de sainteté a changé avec le pape actuel, qui désire canoniser certains pères de famille, des savants. Pendant des siècles, les saints « canonisés » étaient peu imitables, puisqu'on ne pouvait pas leur ressembler.

Du purgatoire, Pouget écrit : « C'est l'attente, à la porte du Paradis. »

Voilà du Pouget par excellence : il ne nie pas le purgatoire, mais d'abord il constate que dans l'Eglise orientale, il n'est pas conçu comme dans l'Eglise occidentale : personne ne sait en quoi exactement le purgatoire consiste. Il ne nie rien, il n'affirme rien. Il garde l'idée que le purgatoire est une attente. Le purgatoire, c'est l'attente, dans l'éternité.

Et l'éternité serait l'éternel présent.

Il est difficile de comprendre comment il peut y avoir une attente dans un temps qui ne présente pas de succession, entre le présent, le passé et l'avenir...

« La véritable défense de la religion : c'est la critique. Elle consiste à ne jamais affirmer au-delà de ce qu'on sait par le texte et par l'histoire ; à ne jamais imposer ce qui n'est pas nécessaire. » Est-ce, chez Pouget, une défense de la religion... ou bien de l'exégèse ?

C'est surtout une des grandes idées de Pouget : le principe du minimum. Il faut toujours faire l'inverse de ce que l'on est tenté de faire. En général, on cherche à tirer d'un texte le maximum. Lui, au contraire, tirait d'un texte le minimum.

Pouget est parfois plus indulgent que vous. S'agissant de l'inégalité des hommes devant la souffrance, qui vous inquiète, il a cette remarque : « Même sans la chute, l'humanité aurait pu être pire que ce qu'elle est. »

C'est une idée intéressante. En général (dans Pascal notamment, et tant d'autres), on voit que ce qui fait que l'humanité est mauvaise, tourmentée, féroce, procède du « péché d'Adam ».

Ce qui logiquement amène Pouget à se poser la question de la loi : « Dans bien des cas la promulgation de la loi en ferait une loi de mort. Il ne faut pas détruire la bonne foi, quand il y a tout lieu de croire qu'elle existe. La promulgation de la loi, en ce sens, en ferait un ministère de mort, car elle mettrait le péché partout. »

Tout à fait. Pouget pensait qu'il fallait éviter le plus possible de promulguer des lois de défense, d'interdit. Il répétait une formule : « *Odia restringenda, favores ampliandi.* » Il faut restreindre ce qui est sévère, augmenter ce qui est favorable.

Sur la question actuelle du célibat des prêtres, il écrit : « Je ne regrette pas de ne pas avoir "engendré mon semblable". J'ai travaillé à l'éducation de plus d'enfants que je n'aurais pu en produire. »

Je me rappelle qu'un jour, j'interroge monsieur Pouget. Il était âgé alors de quelque soixante-dix ans. Il me confie : « Cette nuit, j'ai eu l'envie d'engendrer mon semblable. » Je lui ai demandé ce qu'il avait fait. Il m'a répondu : « J'ai fait des mathématiques ; ça m'a passé... » Dans saint François d'Assise, il y a une scène analogue. Dans saint François de Sales, il est aussi beaucoup de recommandations de ce genre-là. La grande idée (elle est de Pouget comme elle appartient au bon sens) c'est qu'il ne faut pas lutter contre une tentation : plus on lutte, plus on l'augmente. Alors il faut se distraire.

On se rend compte très vite que le père Pouget n'était pas fondamentalement pessimiste.

Oui. Pouget disait souvent que l'espèce humaine était une très belle chose, qu'elle pouvait faire des progrès.

Une question sur la radio (le père Pouget ne connaissait pas encore la télévision). « Mon père nous lisait la Bible, les histoires nous plaisaient énormément : le peuple en était là. Aujourd'hui, parce qu'il a tourné un bouton, il croit savoir de la physique. »

Maintes personnes ont répété que la télévision faisait perdre le véritable savoir.

Pourtant, vous-même, vous regardez la télévision de vingt-trois heures à deux heures du matin.

Certes. Mais le père Pouget me racontait aussi que lorsque son père lui parlait de la Bible, il lui lisait les passages de l'Evangile ayant trait aux pharisiens. Alors, il entendait les « Parisiens » et se demandait pourquoi la Bible était si sévère à l'encontre des gens de Paris...

Dans votre Portrait de monsieur Pouget, *vous notez : « Quand les hasards de la vie nous ont fait témoin d'un grand exemple, ce serait manquer de cœur que de garder cet enseignement pour soi. »*

J'ai pratiqué cette maxime : j'ai écrit des livres sur les personnes qui m'avaient fait du bien. Lorsqu'on a vu quelque chose qui peut servir d'exemple, on a le devoir de la faire connaître, si l'on est écrivain. C'est une idée que j'ai trouvée dans Marc Aurèle. Dans le livre I de ses *Pensées*, Marc Aurèle cite les personnes qu'il a eues pour professeurs, qu'il a aimées : son aïeul Verus, son père qui lui a appris à « n'avoir rien d'efféminé », sa mère qui « l'a formé à la piété ». Or, c'était un païen.

Et un persécuteur.

Un persécuteur des chrétiens à Lyon. J'ai écrit le livre sur Pouget en 1939, il y aura bientôt soixante ans.

Marthe Robin parlant de je ne sais qui, m'avait dit : « Il est si transparent : il est déjà tout. Imitez ce modèle ; soyez transparent. » J'ai décidé de « châtier mon style ». Je le frappe, je le corrige, je le punis, jusqu'à ce qu'il devienne transparent. Je voudrai vous dire un trait curieux sur monsieur Pouget. Il avait un parent qui se mourait à Paris, un paysan d'Auvergne, son pays natal. Alors il est allé le voir un peu avant sa mort. J'ai rencontré Pouget quelque temps après et lui ai dit : « Alors votre cousin est mort. Vous lui avez apporté les derniers sacrements... » Il m'a répondu : « Pas du tout. » Puis il a ajouté quelque chose d'étrange : « Quand on va voir les gens qui vont mourir, il ne faut pas leur parler de la mort. Les sacrements, l'extrême-onction, tout cela peut les affoler. Je n'ai pas parler de religion à mon cousin. Nous avons causé de choses et d'autres. Je lui ai tout de même dit de se confier à Dieu. » Laissez-moi vous racontez une autre anecdote. Pendant sa messe, monsieur Pouget s'était arrêté quelques secondes. Son servant croyait qu'il avait eu une grâce mystique. Il osa l'interroger et Pouget répondit : « Un rayon de soleil tombait sur la patène. Je me suis surpris à calculer l'angle de la réfraction. » C'est le genre Jean XXIII de Pouget. Entre Jean XXIII et monsieur Pouget, il y a une très grande ressemblance. Si Pouget avait été élu pape, il l'aurait été dans le genre de Jean XXIII.

Mais, en même temps, il écrit ceci sur le mysticisme : « Moi qui ne suis pas mystique, à force d'étudier, je le deviendrais un peu. Aujourd'hui, je ne souffre pas, je suis calme, je suis même tranquille ; je serais porté à aller je ne sais où. J'ai ma guenille dans cette chambre, mais tout le reste s'en va très loin et très haut. Et je vous prie de croire que je ne suis pas retenu par la terre. Les beaux paysages, toutes ces scènes que je ne puis voir, cela ne me remplit pas comme les Trois personnes : quand je pense que le Père, le Fils et l'Esprit s'occupent de moi ! Même l'instruction ne me satisfait plus, sauf la Bible à cause des clartés que j'en tire. Il m'est bon de penser aux saints. Il n'y a pas à dire, des saints sort une auréole et comme une émanation. Les personnages qui font du bien, autour d'elles je sens une atmosphère sui generis *; c'est d'ordre naturel peut-être mais cela vous entraîne vers l'au-delà. On ne peut pas ne pas les estimer, on se trouve bien d'être avec elles. On y voudrait demeurer toujours. Je pense que c'est un peu cela le mysticisme.* »

Pouget n'était pas seulement un homme naturel. J'oserai dire qu'il était nature. Il me racontait ses digestions, comme si elles avaient été des états mystiques. En somme, il était indescriptible, à cause de son « originalité » presque indéfinissable à mes yeux, après soixante ans d'écart entre nous. Il est mort à quatre-vingts ans en me disant : « Cette nuit, j'ai appris quelque chose de moi-même. » Et moi, j'ai bientôt quatre-vingt-quinze ans et je ne sais rien...

La vérité des Evangiles
Le père Lagrange

Quels furent vos liens avec le père Lagrange, créateur de ce qu'il appelait intentionnellement l'« Ecole pratique d'études bibliques » ?

J'ai connu le père Lagrange par réputation d'abord. Puis je suis allé à Jérusalem où j'ai été son élève. Je l'ai vu de très près. A la fin de sa vie, il est venu vivre à Montpellier où j'habitais. J'ai assisté à ses funérailles.

Le père Lagrange racontait qu'il était né presque mourant, que sa mère l'avait mené au curé d'Ars qui, ayant posé sa main sur le front de l'enfant, avait prédit qu'il serait « homme de Dieu ».

On racontait en effet cette histoire dans la famille du père Lagrange. J'ai été reçu par les siens : une de ses vieilles tantes m'a confirmé que le curé d'Ars avait prédit que cet enfant deviendrait un serviteur de l'Eglise.

Comment le père Lagrange se comportait-il avec son entourage ?

Le père Lagrange avait des particularités et des petits défauts très drôles. Il était toujours pressé et n'aimait pas perdre son temps. Alors quand il s'était entretenu avec vous pendant cinq minutes, il semblait vous dire : « J'en ai assez de vous voir. »

Ecrivait-il beaucoup ?

Sans arrêt. Il se procurait de grandes feuilles blanches, qu'il remplissait : il ne raturait jamais. Quand une phrase était absurde, elle le restait.

A la lecture de votre livre sur le père Lagrange, vous montrez comment ce religieux a eu toute sa vie le souci, d'une part, de vivre une foi intense et, d'autre part, de n'affirmer dans ses recherches bibliques que ce qu'il pensait être crédible.

Le père Lagrange fut un précurseur, en avance de cinquante ans sur son temps, du point de vue de l'exégèse ; ce fut le drame de sa vie. Sous le pontificat de Pie X, il a été écarté, épinglé, « limogé ». Or, au lieu de se mettre en colère contre ceux qui commettaient des injustices à son égard, le père Lagrange a accepté l'humiliation d'être mis à l'écart. Et maintenant, que le Saint-Père souhaite le canoniser, le fait qu'il ait accepté l'humiliation constitue un argument en sa faveur.

Saint Thomas d'Aquin, lui aussi, avait été condamné pendant une quinzaine d'années par l'évêque de Paris... Quelle aura été la « Somme » que le père Lagrange a produite ? Est-ce ce qu'on appelle la « Méthode historique » ? Et sur quels critères reposait cette méthode ?

Avant le père Lagrange, pendant des siècles, quand on étudiait l'Ancien et le Nouveau Testament, on pensait que ces paroles étaient issues de Dieu, si l'on peut dire, et ne comportaient aucune erreur. D'où le drame de la condamnation de Galilée. Le père Lagrange est le premier, après des siècles, qui ait conçu qu'il fallait étudier la Bible comme on étudie Homère ou Dante, par une méthode critique, qu'il appelait la « méthode historique ». Autrement dit, bien que la Bible soit un livre sacré, il faut la traiter comme un livre humain.

Il y a en effet, pour le père Lagrange, dans l'Ancien Testament, ce que l'on retrouve un peu dans notre façon de croire, à savoir : la raison, la coutume et l'inspiration.

Pour un croyant, il est très difficile de distinguer le moment où l'inspiration commence.

Vous arrivez à Jérusalem, élève de l'Ecole biblique en 1935, envoyé par le cardinal Tisserant. Parlez-moi de la Genèse du père Lagrange et dites-moi comment vous avez été amené à écrire un mémoire sur cette affaire, appuyé par l'Institut.

Le père Lagrange avait étudié la Genèse d'une manière critique. Chaque fois qu'il avait présenté son étude à Rome, on n'y donnait pas une suite favorable. Or le pape de l'époque, Pie XI, avait un sentiment de respect profond pour les hommes de sciences. « Vous allez rédiger un mémoire sur la Genèse, me dit-il, en affirmant que les idées du père Lagrange loin d'être contraires à la vérité de la Genèse lui sont au fond très favorables. Vous ferez signer ce mémoire par des académiciens, à Paris. Vous monterez des étages, vous sonnerez et vous verrez un académicien : un académicien, c'est fait comme tout le monde. En général c'est un petit vieux bien sage. Vous lui direz : "Monsieur l'académicien, auriez-vous la bonté de signer ce document." Alors il signera. Quand vous aurez recueilli six ou sept signatures, vous m'expédierez le tout ; je l'enverrai à Pie XI. » C'est ce qui s'est passé. Pie XI a sans doute passé la main sur son front et murmuré : « Cette Ecole biblique, quel problème que je ne puis résoudre ! Je le laisse à mon successeur. » Pie XII fit de même jusqu'à la sortie en 1943 de son encyclique *Divino Afflante Spiritu* dont j'ai pris connaissance avec joie dans mon oflag.

Dans le même esprit, j'en viens à Renan. Dans la préface à sa Vie de Jésus, *il écrit : « Jour et nuit, j'ose le dire, j'ai réfléchi à ces questions qui doivent être agitées sans autres préjugés que ceux qui constituent l'essence même de la raison. » Vous continuez cette phrase de Renan : votre raison est plus ouverte que n'a été la sienne car elle ne nie pas le miracle* a priori.

La raison de Renan n'est pas vraiment une raison noble puisque d'avance il affirmait la non-existence du miracle. Le père Lagrange disait avec raison : « Jamais dans les sciences la voie n'est fermée avant qu'elle soit ouverte. Or, l'exégèse catholique que je représente, et qui justifie la foi populaire est condamnée d'avance. C'est une singularité dont je voudrais bien avoir l'explication. Serait-ce que la vérité n'est pas supportable ? »

La technique du père Lagrange « consiste à dépasser la lettre du texte pour en chercher le sens, l'esprit ». Le père Lagrange ne rejetait aucune information : il écoutait les géologues, les préhistoriens. Je prends un exemple que vous citez : l'épisode de la fille de Loth changée en statue de sel.

Autant qu'il m'en souvienne, il est dans la Bible une histoire invraisemblable, à savoir : la fille de Loth qui fuyait son lieu d'origine, Gomorrhe, a été changée en statue de sel. Le père Lagrange pensait qu'il s'agissait là d'une légende : on voulait expliquer un monument qui ressemblait vaguement à une femme. On aurait donc inventer cette histoire mythique.

Et vous racontez cette admirable obéissance du père Lagrange que l'on retrouve aussi chez le père Teilhard de Chardin qui s'est soumis également, alors que, quelques lustres après, plusieurs théologiens allemands se sont révoltés contre le Vatican. Comment expliquez-vous cette obéissance au pape ?

Je pense que, quand on est persuadé d'être dans la vérité et qu'on est condamné par l'Eglise, on connaît une grande épreuve personnelle : on est chrétien avant tout, et ce qu'on appelle la foi, c'est-à-dire la confiance totale dans l'Eglise, prolongement de Jésus-Christ sur la terre, est un acte qui a une très grande valeur aux yeux de Dieu. Même s'il s'agit d'un acte pénible humainement pour notre orgueil, notre contentement, notre réputation, l'acte par lequel nous nous soumettons à l'Eglise en sachant qu'elle se trompe, est un acte très beau, un acte de foi pure.

N'est-ce pas un peu cette attitude que saint Ignace adoptait, en disant à ses religieux qu'il leur fallait obéir perinde ac cadaver *?*

La Compagnie de Jésus pousse cette obéissance très loin puisque les jésuites font un quatrième vœu : outre le vœu de chasteté, celui de pauvreté et le vœu d'obéissance, ils font celui de l'obéissance radicale au Saint-Père. Voilà pourquoi on cite souvent le mot de saint Ignace : « Il faut obéir comme un cadavre. »

Le père Lagrange vous avait confié : « Ce qui est inscrit dans ces textes que nous sentons, dans ce sol que nous fouillons, ces poussières je ne puis les examiner avec les "postulats" des savants qui se disent "critiques" alors qu'ils condamnent a priori *tout ce qui leur paraît contraire à leur critique : ils n'ont jamais appliqué la critique à la critique ! Je vous engage à le dire. »*

Je disais au père Lagrange qu'il fallait appliquer la critique des critiques. Le père Lagrange s'adressait aux savants de nos jours, qui sont des incroyants, et qui, malgré tous les témoignages que donnent les fouilles, de la réalité des récits bibliques, continuent de ne pas croire. Il les trouvait soumis à un préjugé scientifique, antireligieux. Dans ces conditions, il fallait critiquer leurs critiques c'est-à-dire appliquer à leurs démonstrations les principes de la critique.

Il ajoutait : « Nous voilà à Jérusalem ! Relisez l'Evangile sur les lieux. Etudiez les données topographiques, elles sont vraisemblables. Sans doute, il y a des difficultés, disons même des erreurs ; mais quelques inexactitudes empêchent-elles qu'on croie à la véracité de l'ensemble ? Thucydide subsiste même s'il a pu se tromper sur tel point. »

Oui. Le père Lagrange disait souvent que dans les Evangiles, notamment dans le récit de la Passion, il y avait des erreurs de détail, des contradictions, par exemple dans le reniement de Pierre. Mais les taches qu'il y a sur un habit n'empêchent pas l'existence ni la beauté de l'ensemble. Sa réflexion n'avait là rien de bien originale.

« Je suis venu sur cette terre, écrivait le père Lagrange ; à mon premier voyage, elle m'a séduit. Mon livre voudrait prouver Jésus (comme on prouve le mouvement), en le faisant marcher ». Je retrouve la même démarche dans votre Terra Sancta.

C'est développer l'idée que la vraie manière de prouver l'historicité de Jésus est de faire un récit des événements où on a l'impression d'assister à Sa marche ; en ce qui me concerne, d'avoir peint les lieux de telle manière qu'on ait le sentiment de les voir à travers mes crayons, mes aquarelles. C'est une idée que j'ai surtout prise à Bergson. La thèse de certains philosophes, en particulier ceux de l'Ecole de Zénon d'Elée, consistait à nier le mouvement en disant que la flèche ne pouvait pas aller d'un point à un autre. Bergson répondait : « Il y a un moyen de prouver que Zénon s'est moqué de nous. C'est de marcher. » Cette même considération s'applique ici. La meilleure manière d'expliquer que Jésus n'est pas un mythe, c'est de raconter son histoire de telle manière qu'on le voie courir dans les rues de Jérusalem.

Vous avez dit – et peut-être songiez-vous aussi à vous : « Le père Lagrange est l'homme qui fait comprendre la terre. »

Notre idée est qu'en général les prédicateurs, les évêques, les papes parlent de Jésus par rapport au ciel. Le père Lagrange fait exactement le contraire : il montre la réalité de Jésus en parlant des poussières, des cailloux, du biotope dans lequel a vécu le Christ. Il est révolutionnaire un peu comme Cézanne.

Le père Lagrange pensait que la Terre sainte était un cinquième Evangile, plus encore, un Evangile qui vérifiait les Evangiles par une exactitude historique, géographique, archéologique. Vous précisez : « On ne peut éclairer les Evangiles que par le contact quotidien avec les lieux mêmes où se sont passés les événements qu'ils racontent. »

Renan l'avait dit également. Ceci est très vrai. C'est ce qui a amené le père de Foucauld qui était un mystique à s'installer à Nazareth.

La canonisation du père Lagrange serait, selon vous, celle d'un savant moderne formé à la critique biblique.

Ce serait quelque chose de très important. Le pape, à ce sujet, m'a envoyé une lettre qui m'a servi de préface pour la réédition de mon livre sur le père Lagrange.

Sur Jérusalem, vous avez ces mots : « Jérusalem, ville qui aura toujours deux visages : abîme de mort, source de vie. Ville qui, demain, peut apporter au monde l'image de la paix, non par la conquête, mais par la coexistence. »

J'ai été très déçu par cette ville. Elle est décevante ; elle est petite ; on cherche la Croix, le lieu de la Résurrection. On voit quelque chose qui ne ressemble à rien, on constate que les trois religions monothéistes se combattent. Tandis qu'en Galilée, il y a un air, un souffle ; il y a la montagne et le sourire des champs...

Sur Jérusalem, vous voyez se concentrer les trois formes du temps : l'instant, la durée et l'éternité. Et vous ajoutez : Jésus a épuisé ces trois expériences du temps à Jérusalem.

Etant donné que toute ma vie, je me suis occupé, en philosophe, du problème du temps, je me suis habitué à distinguer dans le temps ce qui se passe à la seconde, qu'on appelle l'instant ; ce qui dure, qu'on nomme la durée ; ce qui permet d'espérer, qu'on appelle l'éternité. Il s'agit de trois aspects très différents du temps, à quoi répondent trois attitudes philosophiques. Il est des philosophes du temps comme instant, du temps comme durée à l'instar de Bergson et des philosophes du temps comme préparation, image, figure et attente de l'éternel, catégorie à laquelle j'appartiens.

Vous comparez Rome à Jérusalem. « A Rome que de triomphe ; à Jérusalem que de nudité, d'absence ! »

D'un certain point de vue, de la place de la ville dans le monde, Jérusalem n'est rien du tout, alors que Rome, c'est la Ville. Dans un certain sens, Jésus a régné dans un pays aride, désert, sans beauté ni grandeur, tandis que les empereurs romains Auguste, Tibère et même Caligula, ont régné à Rome sur le monde entier. On peut comparer Rome à Jérusalem ; montrer que Jérusalem n'est rien par rapport à Rome. Et cependant du point de vue de l'influence sur l'histoire, Jérusalem précède Rome.

Vous dites du père Lagrange qu'il est le dernier des humanistes français.

Le dernier humaniste des temps modernes si on appelle humanistes les gens qui se sont occupés de critique, du point de vue humain. Il faudrait remonter aux auteurs de la Renaissance, à Guillaume Budé, par exemple.

Il y aurait d'un côté, l'amour de la vérité ; de l'autre, l'amour de la vie religieuse.

Les chrétiens qui nous ont précédés pendant des siècles n'avaient pas du tout l'esprit critique ; c'était même l'inverse. Ils pensaient que Dieu avait vraiment créé le monde en six jours, que Loth avait été changé en statue de sel. Ils prenaient à la lettre tout ce qui était dans la Bible.

A propos du père Dhorme, grand ami du père Lagrange, qui quitta l'ordre dominicain et devint laïc, vous écrivez : « Que faut-il faire si on est prêtre pour demeurer toujours et qu'on a perdu la foi du prêtre ? Faut-il demeurer encore, malgré l'hypocrisie ? Faut-il se séparer ? Et comment Dieu jugera-t-il le jour du jugement ? »

Pour moi c'est un problème considérable. A l'heure actuelle il y a beaucoup de prêtres qui se le posent. alors que faire ? Il est deux méthodes : la première consiste à partir, mais on risque de scandaliser ; la seconde consiste à rester, mais c'est de l'hypocrisie. Je ne vois pas de solution acceptable... Celle qui prévaut c'est l'hypocrisie : on reste.

Est-ce vraiment de l'hypocrisie ?

Le prêtre qui célèbre la messe sans y croire, c'est quand même de l'hypocrisie : pour le public, il y croit.

Qu'appelle-t-on hypocrisie ?

On appelle hypocrisie l'art de tromper le public.

Je ne suis pas sûr que ce soit, dans ce cas précis, de l'hypocrisie. Ces prêtres qui restent alors qu'ils ne croient plus, n'obéissent-ils pas à une certaine idée du devoir, de l'engagement ? Et le fidèle qui suit la messe ne se pose pas la question de savoir si le célébrant croit ou ne croit pas.

Il faut bien que ce soit comme vous dites, parce que sinon, on ne pourrait jamais assister à une messe quelconque. On n'est pas du tout obligé d'écouter la messe célébrée par un prêtre croyant ; on est obligé d'écouter la messe d'un prêtre qui a reçu les « pouvoirs ».

Dans ce livre sur le père Lagrange, vous parlez de l'anastase. Qu'entendez-vous par ce mot ?

C'est la Résurrection. A mes yeux la Résurrection du Christ n'est pas du tout semblable à celle de Lazare. Le frère de Marthe et de Marie en ressuscitant est redevenu un être humain.

Dans Terra Sancta *vous racontez que votre passage en Galilée est celui qui vous a le plus marqué.*

Du point de vue de la beauté du paysage, sans aucun doute. Je suis resté trois ou quatre mois à Jérusalem. A l'Ecole biblique je n'étais pas heureux : on m'avait mis dans la partie réservée aux laïcs. Rome n'aimait pas le père Lagrange et n'envoyait jamais personne en stage chez lui. Je prenais mes repas seul ; à la fin, un pasteur protestant vint me rejoindre. On avait l'impression qu'on était surveillé.

Maintenant, au-delà de ces désagréments, je n'ai cessé depuis cette année 1935 à Jérusalem de lire les travaux d'exégèse biblique du père Lagrange. Il aura été le premier catholique qui, tout en étant resté pleinement fidèle à l'Eglise, a introduit l'esprit critique dans cette Eglise. Jusqu'alors, comme je vous l'ai déjà dit – et il suffit d'évoquer le sort de Galilée –, l'esprit critique était considéré comme un acte de désobéissance par rapport à Dieu. Et le catholique qui s'y prêtait était en état de péché. Le père Lagrange a accepté d'être chassé momentanément de l'Eglise. Il a reçu de Rome des sanctions qui l'ont atteint dans son intimité. Mais au lieu de crier, au lieu de protester, il a accepté.

Et vous rendez hommage à cet esprit d'obéissance.

C'est cela. Après tout, obéir à celui qui commande quelque chose de raisonnable ne demande pas de mérite. Il en faut, en revanche, pour obéir à un ordre complètement absurde. Je rends hommage chez lui à cette vertu qu'on appelle quelquefois l'humilité et qui est rare. Et c'est pourquoi je l'admire pour ces deux raisons bien distinctes, son esprit critique et, à l'inverse, son esprit d'obéissance.

Camus et la question de l'authenticité

Revenons à Albert Camus. Dans Un siècle, une vie, *vous dressez un parallèle entre Vauvenargues et lui. Pour vous, il est une commune attitude entre eux deux, celle de l'authenticité. Vauvenargues était une sorte de saint, un pur. C'est peut-être le dernier des moralistes de ce premier XVIIIe siècle, qui n'a pas encore vu l'émergence des Voltaire, des Rousseau, des La Mettrie. J'aimerais connaître votre sentiment sur cet écrivain, ce moraliste d'exception.*

Eh bien, j'ai toujours admiré Vauvenargues. J'ai même appris par cœur ce texte que je vais vous réciter : « Les ouvrages des grands hommes, si étudiés et si copiés, conservent malgré le temps, un caractère original : c'est qu'il n'appartient pas aux autres hommes de concevoir et d'exprimer aussi parfaitement les choses mêmes qu'ils savent le mieux. C'est cette manière si vive et si parfaite de concevoir et d'exprimer, qui distingue dans tous les genres, les hommes de génie, et qui fait que les idées les plus simples et les plus communes, dès qu'ils y ont touché, ne peuvent plus vieillir. »

Alors, c'est un peu ce que j'ai essayé de faire. J'ai eu la vocation d'écrivain à l'âge de quatre ou cinq ans. J'ai toujours voulu être premier en français. J'y suis parvenu... jusqu'à l'entrée à l'Académie française, avec l'idée de me servir de ma plume pour le Christ et pour faire ressusciter, si l'on peut dire, tous les morts que j'aimais dont le pape Paul VI, dont ma mère, dont monsieur Pouget. Me suivez-vous dans ce raisonnement ?

Tout à fait.

Alors, Camus, comment l'ai-je connu ? Il avait lu un de mes livres, *Le Portrait de monsieur Pouget*, qu'il avait admiré. Quand je suis rentré à Paris, je suis allé le voir... et je ne l'ai jamais revu. J'ai appris son accident par le journal. Dans mon livre *Un siècle, une vie*, je lui consacre plusieurs pages et je le compare en effet à Vauvenargues. A Alger, un peu avant la guerre, il avait été l'élève de mon ami Poirier qui l'avait orienté dans sa thèse de doctorat. « Lisez, lui avait-il conseillé, le livre que Jean Guitton a écrit sur le temps et l'éternité. Vous trouverez dans cette étude tous les documents qui vous permettront de rédiger votre thèse sur ce même sujet. » Camus est devenu docteur ès lettres en s'inspirant de ma thèse sur le temps et l'éternité. Il m'en fut, je crois, toujours reconnaissant.

Vous reconnaissez que Camus est un écrivain authentique.

Et un auteur de théâtre surtout, de mon point de vue. A Alger déjà, il jouait la comédie, il composait des pièces... Il y avait surtout chez lui cette réelle qualité humaine, une qualité que l'on percevait immédiatement. Dès qu'on le voyait, on était frappé par sa modestie, assez rare dans le milieu qu'il fréquentait. Et puis, chez Gallimard, à la Nouvelle Revue Française, son nom a été très vite accolé à celui de Sartre. Un Sartre avec qui ses rapports furent difficiles. Leur histoire parallèle est connue : ils ont collaboré, puis ils se sont séparés. Par ailleurs, Sartre connaissait de grands succès au théâtre ; ceux de Camus étaient moindres. Il avait cependant fait jouer des pièces admirables, *Le Malentendu*, par exemple.

Les Justes *aussi.*

Oui, *Les Justes.*

Et le Sartre dramaturge ?

De grandes réussites parfois, *La P. respectueuse* notamment...

Croyez-vous que Camus se serait converti au christianisme ?

Il faut dire tout de suite que Camus était un homme parfaitement honnête. Pour ce qui concerne la religion, il entretenait en effet des rapports avec des prêtres, en particulier avec un de mes amis qui était Casy Rivière, également ami de Montherlant. Camus était d'origine catholique par sa mère qu'il aimait. Il a quand même rédigé ce livre, *L'Etranger*, où « la mère » était considérée comme un être épouvantable.

Et puis ce meurtre gratuit...

Oui, il peut y avoir quelque chose d'enfantin, une soif de gloire, de reconnaissance dans l'application à choquer.

Ce n'est pas là le côté authentique de Camus.

Assurément, mais il en était à ses premiers débuts en 1940-1941. Et je n'oublierai pas qu'il m'aura apporté un grand encouragement. J'étais en captivité – une captivité de cinq ans – et j'ai reçu une lettre de lui. Il désirait me connaître et il m'avait envoyé ce petit livre, *L'Etranger*, qu'on a lu dans les camps. Il y a aussi cet article extraordinaire me concernant qui rendait hommage à *Monsieur Pouget*, et ces autres encouragements à poursuivre mon œuvre qu'il m'aura exprimés lorsque nous nous sommes vus à la NRF en 1945.

Pour le reste, sur le plan de l'œuvre, il n'aura pas eu le talent d'un Sartre, par exemple. Il se sera borné à un peu de journalisme, de théâtre et de roman, tandis que Sartre aura couvert tout le domaine des lettres. L'histoire de ces prix Nobel, que Camus a accepté et que Sartre a refusé, en est une bonne illustration. Après la guerre les académiciens suédois voulaient honorer des artistes français – ce qui était possible à l'époque et qui n'arrivera plus jamais –, alors, ils ont choisi Camus sur des critères d'ordre moral. Ils ont choisi un homme droit, pur, sincère. Quant à Sartre, ils ont choisi le « Sade » des temps modernes.

La soif d'approfondir
Paul VI

Quelle fut votre première rencontre avec Monseigneur Jean-Baptiste Montini ?

Le 8 septembre 1950, je fus reçu par Monseigneur Montini vers trois heures de l'après-midi. Il y eut, entre lui et moi, ce qu'on appelle en amour, un « coup de foudre ». Chacun d'entre nous comprit que l'un et l'autre auraient des liens étroits, longs et forts. Ce jour, Monseigneur Montini me demanda de lui faire deux promesses : la première, venir le voir, le 8 septembre, pendant toute ma vie. Je suis donc allé le visiter vingt-sept fois, chaque 8 septembre. La seconde promesse consistait à toujours lui dire en secret (il m'avait donné un numéro confidentiel) ce que je pensais, que ce fût ou non conforme à son idée : le renseigner, sous le sceau du secret.

Il m'avait connu par une étude que j'avais écrite en captivité sur la Vierge Marie, pour mes camarades incroyants. J'y distinguais dans la scène de l'Annonciation deux moments essentiels mais distincts. Le premier, l'annonce par l'Ange à la Vierge qu'elle sera « la mère du Messie » ; le second, qu'elle sera la mère du fils de Dieu fait Homme. Monseigneur Montini était né de père et de mère très catholiques à Brescia, dans le nord de l'Italie. Il avait une très grande dévotion naturelle à la Vierge Marie. Mais en tant qu'intellectuel, il ne trouvait aucun livre pour justifier, par l'intelligence, sa dévotion à la Vierge, qui lui paraissait superficielle, bonne pour le commun des mortels, mais peu digne d'un cerveau. C'est dans ces dispositions qu'il lut mon livre sur la Vierge Marie. Ce livre était alors très attaqué par la presse italienne catholique : pour cette presse, il paraissait mauvais et méritait d'être écarté. Monseigneur Parente, notamment, dans le journal officieux du Vatican, l'*Osservatore Romano*, le désignait comme proche de l'hérésie. Monseigneur Montini, en revanche, fut heureux de voir dans mon livre le mystère de Marie exprimé dans une langue moderne. Cette étude lui plut. Pour sauver cet ouvrage qui était menacé de l'Index, il fit signer à Pie XII, dont il était le secrétaire, (Pie XII signait, au moins, cent documents par jour), un papier où le pape souhaitait pour ce livre d'« abondantes bénédictions spirituelles ». Une fois le document signé, la cabale prit fin. Telle fut ma première rencontre avec Jean-Baptiste Montini.

Quand il fut élu pape (je l'appris par la télévision), je me rendis au Vatican où il me reçut. Je lui dis : « Très Saint-Père, maintenant que vous êtes pape, je vous fais mes adieux. » Paul VI me répondit sur un ton de doux reproche : « N'ai-je pas un cœur moi aussi ? Ne suis-je pas capable de vous aimer ? Nous resterons amis. » Alors j'ai pris mon crâne entre mes mains, comme pour l'offrir à Paul VI : « Voici mon crâne et dans ce crâne, lui dis-je, il y a de la substance grise. Cette substance grise, je vous la remets. » Le pape m'a répondu : « Demain, en disant la messe, je la prendrai sur l'autel ; je l'offrirai au Seigneur. » J'ai donc continué de le voir jusqu'au jour de sa mort. Paul VI voulait mourir le jour de la Transfiguration, le 6 août. Il est mort le 6 août 1978.

Que pensez-vous de la règle de conduite de Paul VI, qu'il résumait d'un seul mot : approfondir ?

Cette devise lui était chère. Il avait une grande intelligence, une haute culture. Il tenait le français comme la plus belle des langues, du point de vue de la pensée. En français, il aimait beaucoup le mot « approfondir ». Il le prononçait en dissociant les syllabes ap-pro-fon-dir. Il en avait fait la règle de sa vie intellectuelle : elle consistait, quel que soit le sujet, à l' ap-pro-fon-dir.

Paul VI aimait la France « avec une secrète préférence ». Il disait volontiers : « Quant à votre langue, elle est celle dont je me sers pour savoir si ma pensée est vraiment une pensée. » Il était en cela dans la lignée de nombreux écrivains et philosophes étrangers.

Il n'oubliait pas, en effet, que la diplomatie, pendant des siècles s'est faite en français : on ne peut pas tromper un partenaire dans notre langue.

Vous a-t-il fait des confidences sur notre pays ?

Sur la France, bien sûr et surtout sur Paris. Il aimait beaucoup notre capitale ; le boulevard Raspail, et la place Saint-Sulpice. Sur cette place, il y a un monument qui représente quatre grands prélats français qui n'ont pas été élevés au cardinalat : Bossuet, Massillon, Fléchier et Fénelon. S'ils n'ont jamais reçu le chapeau de cardinal, la place Saint-Sulpice les honore. Alors Paul VI faisait ce calembour, disant que sur la place

Saint-Sulpice avait été érigé le monument des « quatre points cardinaux ».

Une question très particulière : dans quel esprit, le pape Paul VI a-t-il rédigé l'encyclique Humanae vitae *?*

L'encyclique *Humanae vitae* fut mal perçue. Il s'agissait de savoir dans quelle mesure l'Eglise autorisait l'emploi de la « pilule anticonceptionnelle ». Deux solutions s'offraient : laisser les époux chrétiens choisir leur méthode contraceptive. L'autre consistait à affirmer qu'il existait une méthode de contraception conforme à la nature (méthode Ogino) et une méthode contraire à la nature, qui consiste pour la femme à absorber des substances chimiques qui empêchent la conception. Paul VI a maintenu que la méthode de contraception qui utilisait la pilule était « contraire à la nature ». Quand je lui parlais de ce sujet, je sentais qu'il lui était très difficile de définir la notion de nature. Comment décider ce qui est conforme ou non conforme à la nature ? Paul VI trouvait que la méthode Ogino était conforme à la nature.

Les opposants à la pilule contraceptive affirment que sa prise modifie le cycle de fécondité de la femme.

Je pense que Paul VI avait raison. Il est très difficile de définir le mot nature. A partir du moment où par l'absorption d'une substance chimique vous dites qu'il y a des jours fastes et des jours néfastes, vous intervenez dans la « nature ».

Cette encyclique était en quelque sorte une exhortation à la perfection. Or les médias et certains clercs ne l'ont pas présentée de cette façon.

Exactement. Paul VI désirait définir la perfection. Quand on est pape on ne peut pas faire autre chose que de définir la perfection. C'est aux évêques et aux prêtres d'appliquer la règle à des cas particuliers.

Que pensez-vous de l'intercommunion et du saint sacrifice de la messe tels qu'ils sont apparus à la lumière du concile Vatican II ?

A un certain moment, un pasteur protestant qui n'était pas converti au catholicisme a demandé au pape la permission de communier dans les rangs des fidèles catholiques. Paul VI la lui a donnée. Le pape a expliqué son geste : « Ce pasteur n'a pas la foi catholique, mais il demande la communion, comment pourrais-je la lui refuser ? » Il subissait l'influence d'un prélat nommé Begnigni. Ce *monsignore* avait persuadé Paul VI que l'Eglise catholique se trompait en faisant de la messe un sacrifice au lieu d'en faire une oblation.

Qu'en est-il ressorti ?

Il en est ressorti que Begnigni a été déplacé : on lui ordonna d'aller finir ses jours à Téhéran.

Vous, vous étiez le « contre Begnigni ». Paul VI vous parlait-il du saint sacrifice de la messe ?

A mon sens, Paul VI n'avait pas eu raison de s'imposer une nouvelle liturgie, qu'on appelle « la messe de Paul VI ». Elle est calquée sur la cène protestante. Il n'en est pas résulté que les protestants se sont rapprochés des catholiques.

N'est-ce pas là le germe de la révolte de Monseigneur Lefebvre ?

Je le crois d'autant plus que le pape m'avait envoyé à Ecône pour en discuter avec Monseigneur Lefebvre, essayer de le persuader de ne pas faire le schisme. Aux yeux de Monseigneur Lefebvre, la messe actuelle devient dans certaines paroisses un « libre-service » : on y croit ce qu'on veut.

Alors, la faute de Monseigneur Lefebvre, à mon avis, elle est partagée par la faute de ceux qui l'ont condamné. Il y a eu un moment où il semblait, où il me semblait, que les deux allaient s'entendre dans une espèce de compromis. Il y a bien eu des compromis du même genre, puisque le clergé maronite, pour prendre un exemple, est un clergé marié. On aurait donc pu s'accorder avec le clergé schismatique des lefebvriens. Mais on n'a pas voulu cela. A l'obstination de Monseigneur Lefebvre a répondu celle de ses adversaires. J'ai assisté à ce débat, comme je vous l'ai dit, puisque le pape m'avait chargé de m'en occuper et de les persuader de ne pas partir. J'étais donc mêlé personnellement, physiquement, charnellement à ce débat. Et j'ai compris que dans les débats de ce genre, les fautes sont souvent partagées, ce qu'on aperçoit d'ailleurs dans l'histoire des hérésies et des schismes depuis les conciles de Nicée et de Trente.

Dans quel esprit avez-vous rédigé votre livre sur Paul VI ? Comment le Saint-Père l'a-t-il accepté ?

Ce livre sur Paul VI, j'ai résolu de l'écrire. Paul VI m'a dit : « Vous écrirez un livre sur Montini qui n'existe plus. Quand Jésus a choisi Pierre pour en faire le prince des apôtres, le premier Pierre a cessé d'exister. » Je répondis : « Je ferai exister le premier Pierre. Je rédigerai un livre sur vous. » Une fois le livre fait, je le lui ai remis. Paul VI a désigné cinq censeurs qui ont examiné l'ouvrage et remis au pape leurs rapports. Leurs rapports n'étaient pas défavorables, le pape m'a envoyé le télégramme suivant : *« Nimis bene scripsisti de me. »* Voulait-il dire : « Tu as trop bien écrit de moi » ou « Tu as très bien écrit de moi » ? Le sphinx souriait sans répondre.

Les papes du xxe siècle ont tenté de secourir l'homme moderne. Leur sensibilité était-elle accordée avec la sensibilité moderne ?

Le xxe siècle a commencé avec Léon XIII; après il y a eu Pie X, puis Benoît XV, Pie XI, Pie XII. Le plus original, ce fut Jean XXIII. Quand il a convoqué le concile, il considérait qu'il durerait trois mois, que ce serait un concile « réactionnaire ». Il s'est vite aperçu que ce n'était pas l'avis des cardinaux. Alors, Jean XXIII a changé son fusil d'épaule.

Vous dites de Paul VI : « Il avait la fermeté, l'ardeur mystique, le génie humaniste. Il n'était pas moderne mais il sentait, souffrait comme les modernes. » Le 3 décembre 1963, le pape Paul VI vous demande d'exposer votre pensée sur « l'œcuménisme » ; quel souvenir gardez-vous de cette journée ?

La cérémonie n'était pas reconnue par les membres des communautés protestantes, car on devait y faire l'éloge du concile de Trente. De sorte qu'on a pu dire que je n'avais pas parlé au concile. En fait, j'avais soumis mon texte au pape, qui l'avait corrigé sur certains points. Ce jour fut capital dans ma vie ; le soir, le pape m'invita à dîner : et me sachant distrait, il me remit une montre en or en souvenir de ce jour qu'il disait « historique ».

Comment le pape vous avait-il fait part de sa solitude ?

Cette solitude face aux responsabilités lui était dure : « Seigneur, il est bien temps de Te voir », disait-il.

Et vous, que pensez-vous de la solitude, « cet étranger vêtu de noir qui (nous) ressemble comme un frère » ?

C'est vrai pour moi, comme pour Musset. Depuis, j'ai l'impression qu'à côté de moi il y a un « Jean Guitton vêtu de noir », qui n'est pas moi.

Une grande mystique
Marthe Robin

Qui était Marthe Robin ?

En apparence, c'était une paysanne sans culture, qui habitait une ferme du côté de Valence et qui passait son temps à recevoir dans sa maison. La première définition, par conséquent : Marthe Robin, paysanne française qui reçoit dans sa maison, dans des conditions tout à fait particulières. Pendant trente ou quarante ans, elle a accueilli dans sa demeure vingt à trente mille personnes appartenant à toutes les classes de la société et à tous les genres : des évêques et des généraux, des homosexuels, des exclus, des riches, des puissants et des malheureux. Elle ne refusait personne. Marthe Robin était très gaie malgré sa maladie dont l'origine n'a jamais été clairement expliquée. Les médecins l'ont examinée, ont estimé que c'était un cas particulier. Elle disait toujours que, paysanne, elle habitait dans une maison et ne voulait pas qu'on la transportât dans un hôpital pour être soumise à des examens approfondis.

Il lui est arrivé des épreuves épouvantables : elle avait un frère qui a été si agacé de voir les gens défiler dans sa maison qu'il s'est pendu. Elle a eu grande peine d'apprendre le suicide de son frère. Elle a toujours eu pour sa mère une espèce de compassion. On a toujours eu l'impression qu'elle considérait sa mère comme une grande pécheresse. Elle était inquiète du salut de sa mère, aimait beaucoup son père, et m'en parlait souvent. Sa mère est décédée et quelque dix minutes après sa mort, Marthe Robin a dit à peu près ceci, « ma mère a quitté le purgatoire ».

Marthe Robin est tombée malade vers l'âge de dix-sept ans.

Oui, c'était une maladie bizarre. On l'a envoyée dans une station thermale. Ça n'a rien donné. Petit à petit, elle n'a plus pu rien faire chez elle. Elle a été réduite à rien, jusqu'au jour où elle a compris qu'elle avait un grand rôle à remplir et qu'il lui fallait trouver pour ça deux êtres indispensables : un prêtre pour lui servir de confesseur et lui donner les sacrements et un être ordinaire en rapport avec le pape. Le prêtre très pratique, c'est le père Finet ; l'autre, c'est moi.

Une incidente à ce sujet : le père Finet était-il celui que vous aviez eu au téléphone quand votre femme vous conseillait de ne pas retirer votre candidature à l'Académie française face au duc de Gramont ?

Oui. Tous me disaient que le duc était sûr d'être élu. Ma femme qui était très malade du cancer dont elle est morte, m'avait dit : « Et si vous demandiez l'avis de Marthe. » Alors j'ai suivi son conseil et j'ai téléphoné au père Finet qui a transmis le message à Marthe. Il m'a rappelé une demi-heure après : « Marthe m'a précisé qu'il fallait maintenir votre candidature à l'Académie française : vous serez élu. Marthe y entrera avec vous bien que je lui aie précisé qu'on n'entrait pas au ciel dans un fauteuil. »

Vous avez connu Marthe Robin, un peu par hasard, par le truchement du docteur Couchoud, je crois.

Oui. J'avais entendu parler d'elle à Saint-Etienne par mes parents mais j'avais la plus grande défiance pour elle : je déteste les sorcières de village, toutes ces histoires fabuleuses, prodigieuses. J'avais donc décidé de ne jamais l'aller voir. Couchoud qui était très irréligieux, qui ne croyait même pas à l'existence historique de Jésus-Christ, souhaitait la rencontrer. Pour lui, une religion se fonde autour d'un personnage bizarre. Il avait l'impression qu'à Châteauneuf-de-Galaure, le même phénomène se produisait et voulait s'en assurer. J'ai donc pris l'attache du père Finet qui tout d'abord refusa de recevoir « cet animal de Couchoud » ; ce dernier alla voir le cardinal Gerlier pour s'expliquer. Le Primat des Gaules lui donna « un sauf-conduit ». Quand Couchoud rencontra Marthe, ils tombèrent dans les bras l'un de l'autre. Peu après cette entrevue, nous sommes allés, ma femme et moi, au chevet de Marthe Robin.

Couchoud est venu vous voir probablement pour vous inciter à faire la connaissance de cette « ensorcelée » comme aurait dit La Varende.

Couchoud m'a maintes fois confessé qu'il n'avait jamais vu au cours de son existence une personne aussi intelligente, aussi profonde que Marthe Robin. Il m'a confirmé qu'il n'avait jamais connu une femme de ce genre ; qu'elle était la personne la plus extraordinaire du XXe siècle, ce qui était aussi la position du général de Gaulle. Il m'est arrivé de parler au Général de Marthe Robin. Je l'ai entendu me dire qu'elle était probablement la personne la plus extraordinaire de ce siècle. Le cardinal Daniélou partageait aussi cette opinion. C'est grâce à Couchoud effectivement que j'ai pu la rencontrer.

Grâce à l'« esprit le plus négateur du siècle ».

C'est comme cela que ça s'est fait, d'une façon extraordinaire.

Quel était le rayonnement de cette femme ?

Elle avait un rayonnement supérieur à tous les êtres que j'ai jamais connus. Je ne puis l'expliquer : cette femme ne voyait rien ; chaque fois, elle luttait contre le démon. On ne pouvait pas entrer dans sa chambre sans que tous les meubles aient été mis à bas, jetés n'importe comment. C'était invraisemblable. Elle me disait souvent de Satan : « Si vous saviez comme il est beau ! » On ne pouvait pas entrer dans sa piaule : Satan y avait mis des chaises, des objets pour condamner l'entrée. On arrivait quand même, mais pas sans mal. On s'asseyait auprès d'elle ; on ne la voyait pas ; on était dans la nuit totale. On causait avec elle pendant à peu près une heure. C'est ce que j'ai fait pendant quinze à vingt ans. De ces conversations est sorti mon livre sur Marthe Robin.

Elle ne se nourrissait que de la communion.

Elle ne communiait qu'une fois par semaine, le mardi. Elle communiait dans des conditions tout à fait curieuses : l'abbé Finet qui célébrait la messe voyait l'hostie sortir de ses doigts, puis entrer dans la bouche de Marthe Robin. Il y avait là un phénomène bizarre.

Une translation ?

Oui, un phénomène connu des mystiques, d'ailleurs.

Quels phénomènes extraordinaires entouraient Marthe Robin ?

Il y avait aussi la stigmatisation. Puis l'action à distance, elle agissait à distance. Toutes les fois qu'elle communiait, c'était pour elle le seul moment de la semaine où elle respirait comme un tâcheron dans son élément ; alors, on avait décidé, je ne sais pourquoi, qu'elle ne communierait qu'une fois par semaine, le mardi après-midi.

Elle était aveugle.

Elle ne voyait pas.

S'intéressait-elle aux grandes questions du monde contemporain ?

Elle s'intéressait à la stratégie. En 1940, elle avait écrit au ministre des Affaires étrangères, Champetier de Ribes, qu'il ne fallait pas que les troupes françaises pénétrassent en Belgique. Elle avait le bon sens paysan. Les grands stratèges manquent parfois de bon sens.

Qu'est devenu le père Finet ?

Il est mort après Marthe Robin. Il avait fait beaucoup de conférences sur elle. Il n'écrivait pas, mais connaissait bien Marcel Clément qui a beaucoup écrit sur Marthe, dans *L'Homme nouveau* notamment. Pendant vingt ans, il ne s'est pas absenté un seul jour. Quand il allait à Rome, ou à Pékin, il prenait l'avion mais il revenait immédiatement au chevet de Marthe.

A Châteauneuf-de-Galaure, il y a un lieu de pèlerinage.

Bien sûr.

Comment la hiérarchie catholique a-t-elle réagi au phénomène « Marthe Robin » ?

Le clergé, les évêques et les papes, c'est-à-dire ceux qui représentent officiellement la religion catholique depuis l'origine, se sont toujours méfiés des mystiques quand les mystiques sont vivants. Ils les exaltent, ils les canonisent, ils les honorent après leur mort. Tant que le mystique est vivant comment voulez-vous que les papes ne soient pas en défiance vis-à-vis d'une personne qui dit qu'elle est en relation directe avec Dieu alors que, eux, ne sont qu'en communication, si l'on peut dire, indirecte ? La défiance qu'a la hiérarchie catholique sur les mystiques s'est exercée évidemment sur Marthe Robin encore qu'il y ait eu des évêques pour aller la consulter. Mais maintenant, on a commencé un procès en canonisation à son endroit. Cette défiance s'est exercée, s'exerce encore sur Marthe Robin jusqu'au jour où l'Eglise, après une enquête qui aura duré dix ou cinquante ans, reconnaîtra qu'elle est en présence de ce que les catholiques ont toujours appelé un saint ou une sainte et la mettra sur ses autels. Mais avant ce moment-là, Marthe Robin sera toujours examinée, contrôlée, suspectée par les autorités ; à la fois celles de la science qui ne croient pas du tout à ce qu'on raconte d'elle, qui l'excommunient si l'on peut dire, et par la religion d'aujourd'hui. Il faudra donc beaucoup de temps pour que la vérité éclate au grand jour.

Et le cardinal Gerlier ?

Il était épaté comme moi, mais ne disait rien. Vis-à-vis de Marthe Robin, c'est tellement bizarre, étrange, j'en parle le moins possible. La plupart des gens pensent que le phénomène « Marthe Robin » a été inventé par les curés. Je trouve que sur Marthe Robin, l'une des choses les meilleures que j'ai écrites c'est dans *Lettres ouvertes* j'y cite en pensant à Marthe Robin une phrase de Valéry : « Les hommes vraiment grands sont tout près des autres par la même simplicité qui les en éloigne à l'infini. Car ces hommes vraiment grands conservent dans leur rapport avec les choses profondes et difficiles dont ils font leur intimité les mêmes attitudes, celles qu'ils ont avec tout le monde ; ils sont à la fois familiers, délicats et vrais. » Voilà aussi ce que Couchoud m'avait dit : « Je tiens Marthe pour une intelligence lumineuse, au centre d'une expérience privilégiée et d'un ineffable sacrifice. »

Peut-on compter Marthe Robin parmi les grandes mystiques ?

Elle était hyper-mystique, unique en son genre. Elle n'avait pas du tout le style des autres femmes mystiques que je connaissais. Elle ne parlait jamais de ce que l'on appelle la mystique. Elle nous disait : « Cette nuit, j'ai vu la Sainte Vierge qui s'est assise là. » Que vouliez-vous qu'on dise ? On ne disait rien. Etait-ce vrai, était-ce faux ? « Elle s'est assise là où vous êtes. » Une fois, une seule fois, elle m'a dit : « On s'embrasse. » Alors je l'ai embrassée. Le front était très frais, la peau très fraîche. Elle avait une voix très très belle ; tantôt, une voix d'enfant, tantôt une voix de prêcheur de croisade. Il m'est arrivé pendant vingt ans de la voir souvent. Quand j'avais quitté sa pauvre chambre noire, je sautais de joie dans la cour de la ferme parce que la vie m'apparaissait sous un jour entièrement nouveau : la souffrance et la mort étaient transfigurées. Ce qui s'est passé pour moi s'est passé pour des milliers de personnes qui l'ont consultée. Quand on venait la voir, qu'on était assis dans le noir à côté d'elle, qu'elle nous interrogeait ou qu'on l'interrogeait, on était devant un cerveau ouvert à tout, qui représentait, à mon point de vue, l'esprit philosophique par excellence.

Je suis philosophe c'est-à-dire que je cherche à avoir une vue universelle de la totalité des choses. Voilà comment je définis la philosophie. Alors quand j'étais dans sa chambrette noire où je ne la voyais pas, j'avais l'impression d'être en face de ma propre sœur c'est-à-dire d'une personne qui faisait le même métier : à savoir, préparer le moment où Dieu serait Tout en tous.

Par ailleurs, j'ai été très frappé de voir qu'aux funérailles de Marthe Robin où j'ai essayé d'aller, je n'ai pas pu, tellement il y avait de monde sur les routes qui m'empêchait d'avancer entre Saint-Vallier et Châteauneuf-de-Galaure. Par conséquent la renommée française, européenne et planétaire de Marthe Robin depuis sa mort s'est considérablement accrue : elle a fait surgir dans le monde soixante-trois foyers de charité ; elle a créé plusieurs congrégations d'hommes ou de femmes ; elle est certainement à l'heure actuelle une des personnes qui, du point de vue de ce que les catholiques appellent la mission, est la plus occupée puisqu'elle continue de créer des foyers de charité dans l'univers.

Quel pourrait être alors le mot de la fin ?

Sans quitter sa chambre, sans « agir », on peut être présent à l'univers. Dieu est Tout en tous.

Du péché originel
Teilhard de Chardin

Dans Comment je crois, *le père Teilhard de Chardin précise : « Non seulement pour que les savants aient la paix dans leurs recherches, mais pour que les chrétiens aient le droit d'aimer pleinement un Christ qui ne s'impose pas moins à eux que par toute l'urgence et la plénitude de l'univers, il faut que nous élargissions tellement nos vues sur le péché originel que nous ne puissions plus situer celui-ci, ni ici, ni là, autour de nous, mais que nous sachions seulement qu'il est partout, aussi mêlé à l'être du monde que Dieu qui nous crée et le Verbe Incarné qui nous rachète. » Que pensez-vous de cette analyse ?*

Je crois que le père Teilhard de Chardin avait un esprit qu'on appelle « gnostique ». Le gnostique se donne toutes les permissions pour interpréter d'après sa propre pensée le dogme catholique. Mais de mon point de vue, c'est inexact parce que c'est contraire à la notion du « péché originel », telle qu'elle se trouve dans saint Paul, dans toute la tradition des Pères de l'Eglise, et même dans Origène.

Donc, vous trouvez que le père va un peu loin.

Un peu loin, bien sûr. Mais je crois que ce n'est pas très catholique. Si l'on est athée, la pensée teilhardienne peut aider à s'introduire dans le catholicisme, mais à mi-chemin seulement. Autrement dit, moi je suis teilhardien à condition de ne pas être fidèle à Teilhard, afin d'être pleinement catholique. Mais je trouve que le père Teilhard de Chardin est utile pour aider à faire un premier pas aux incroyants.

Et ils auraient besoin de vous, pour faire la deuxième partie du chemin ?

Je le crois, mais je n'ose le dire. Ce serait augurer que l'avenir pourrait être « teilhardo-guittonnien ». C'est-à-dire que l'avenir serait une synthèse des conjectures de Teilhard qui était un génie, et des idées de Guitton qui est un philosophe, qui n'a peut-être pas de génie, mais qui a un solide bon sens. Quand on aura fait la synthèse de Teilhard et de Guitton, on sera dans la bonne voie du XXIe siècle.

Le docteur N. M. Wildiers écrit : « Pour la théologie du Moyen Age, le Christ est surtout le premier conçu dans la pensée divine de la création ; pour Teilhard, il est avant tout le terme et le couronnement de l'histoire. » Qu'en pensez-vous ?

C'est très clair. D'une manière schématique, avant le père Teilhard de Chardin, le Christ était l'alpha, c'est-à-dire que l'on situait le Christ dans le passé. Il y a vingt siècles, avec la Résurrection, avec la fondation de l'Eglise, avec les premières persécutions. Le père Teilhard de Chardin considère qu'à force de mettre le Christ dans le passé, on va le faire disparaître, parce que dans mille ans, le passé sera tellement lointain que l'on se dira : « Ce Christ, personne ne peut le connaître. » Supposez que nous soyons à mille ans de distance de Jésus-Christ, on dira : « C'est un mythe. »

Nous sommes déjà à deux mille ans.

Alors, à trois cent mille ans, à un million d'années, l'on dira : « C'est un mythe. » Le père Teilhard de Chardin a eu l'idée géniale de mettre le Christ, non pas dans le passé, mais dans l'avenir.

Dans l'oméga.

L'oméga. Il en a fait non pas le commencement, mais la terminaison de l'histoire. Alors, évidemment, en un certain sens, il a résolu un des problèmes les plus sensibles de la religion, puisque désormais le Christ est dans l'avenir, et non pas dans le passé.

Mais, dans l'Apocalypse, saint Jean dit bien, en parlant du Christ : « Je suis l'alpha et l'oméga. »

Oui, c'est là que le père Teilhard de Chardin l'a pris. Alors, pour le croyant qui voit en Dieu les événements de l'histoire, le Christ est à la fois l'alpha et l'oméga. Mais ce que je veux expliquer, c'est qu'avant Teilhard, on disait l'alpha et qu'après Teilhard, on dira l'oméga. D'autant plus qu'il a pensé à tort que la théorie la plus en vogue à l'heure actuelle, à savoir l'évolution, lui donnait raison. Alors que maintenant, c'est fini l'évolution, on n'en parle guère. On parle plutôt de mutation.

« Le mystère central de l'orthodoxie est le mystère de Pâques », constate le père de Lubac dans l'œuvre de Dostoïevski. Il rajoute : « le croyant, pour qui tout est

transfiguré, retrouve Dieu partout. Si, par exemple, la Terre lui est sacrée, ce n'est point le retour au paganisme : c'est le christianisme conséquent ». Ne pensez-vous pas que l'on pourrait également appliquer ce texte à la théologie du père Teilhard de Chardin ?

C'est d'ailleurs l'idée du père Teilhard de Chardin : baptiser le cosmos tout entier. Ce qui est curieux, c'est qu'en même temps qu'il baptisait le cosmos tout entier, il honorait sa cousine, Mlle Teillard-Chambon. Il assimilait celle qu'il aimait à l'univers.

Cela, c'est le côté humain du père Teilhard. Il y a donc un parallèle entre Dostoïevski et Teilhard de Chardin.

Le père de Lubac et le père Teilhard de Chardin avaient travaillé ensemble. Ils se connaissaient bien. Ils se louaient volontiers... Le père Teilhard de Chardin et moi, comment voulez-vous que nous nous entendions ? Je garde comme unité de mesure un mètre de deux mille ans. Le père Teilhard, en tant qu'il est géologue, anthropologue, qu'il étudie la Création depuis ses origines, a un mètre qui mesure le milliard d'années. Comment voulez-vous qu'il pense comme nous ? Je crois cependant qu'il avait raison, parce que, pour être chrétien, il faut situer le Christ dans l'ensemble de l'univers et non pas seulement dans le tout petit parcours qui s'appelle la Révélation.

Troisième partie

Repères pour demain

De la décadence

Le discours de la décadence est devenu un poncif. Un voyage dans le temps nous fait découvrir des échos analogues dans les siècles passés. Pensez-vous qu'il y a une constante humaine, au fil des âges, à s'attrister sur le présent et à nourrir la nostalgie du passé ? ou bien y a-t-il une situation spécifique à notre époque ?

La lamentation a commencé avec l'espèce humaine et l'on peut dire qu'Adam et Eve ont été les premiers à utiliser la lamentation. Celle-ci est surtout connue par le prophète Jérémie, qui a eu des « lamentateurs » et des lamentations. Par conséquent la lamentation est liée, à mon point de vue, à l'existence de l'être appelé homme, cette espèce de singe développé que l'on appelle l'animal pensant. L'homme est un animal qui pense. Mais il est aussi un animal qui se lamente. Voilà qui montre le caractère constant, éternel, de la lamentation terrestre.

La question que vous me posez est à la fois percutante, intéressante et difficile : l'époque dans laquelle nous allons entrer, en abordant le XXIe siècle, ne sera-t-elle pas plus dangereuse, plus catastrophique que les époques précédentes ? Cela ne va-t-il pas entraîner une super-lamentation ? Je crois qu'en effet, depuis l'origine de l'humanité, remontant à des millions d'années, l'époque où nous entrons est une époque sans analogue, ne comportant aucune ressemblance avec les précédentes : nous entrons dans un océan pour lequel nous n'avons ni barques ni voiles.

Alors, pour répondre à cette question difficile, il faut distinguer entre ce qui est essentiel et ce qui ne l'est pas. J'ai écrit un livre qui s'appelle *Silence sur l'essentiel.* Les questions essentielles sont souvent celles qui sont passées sous silence. Par exemple, dans une famille, on n'est jamais renseigné sur les questions essentielles. Les questions non essentielles sont celles sur lesquelles l'imagination, le sens du futur, l'esprit prophétique, ce que l'on appelle aussi la science-fiction, peuvent s'exercer. Aussi, du point de vue de l'essentiel, je pense que, dans les temps qui vont venir, la souffrance – car la lamentation est liée à la souffrance : on ne se lamente pas sur la joie – donc la souffrance, la douleur vont être toujours présentes dans l'humanité.

J'ai reçu récemment la visite d'un jeune philosophe de vingt ans qui m'a demandé : « Pourquoi en créant l'homme, Dieu a-t-il en même temps créé la souffrance ? N'aurait-il pas pu sauver l'homme aussi bien par la joie que par la souffrance ? » Certes, Dieu aurait pu nous rattacher à lui par des bonheurs et non par des douleurs. Mais Dieu a choisi la souffrance, donnant ainsi naissance à la lamentation. Et il est certain que cette conduite de Dieu se poursuivra.

Mais il s'agit de savoir si les souffrances que nous endurerons seront des souffrances plus grandes, en quantité et en qualité, que dans les époques précédentes, si l'homme ne va pas entrer dans une espèce d'enfer, après n'avoir connu que le purgatoire. Je crois qu'en effet, les générations qui vont suivre, au XXIe siècle, vont entrer dans des périodes de supersouffrances ; mais qu'en même temps, elles vont entrer dans des périodes de super-inventions, de trouvailles, comme, par exemple, la propulsion dans l'espace, où l'on créera des espèces d'îlots, de forteresses. Cet espace qui, jusqu'alors, nous était fermé, va devenir ouvert aux inventions futures ; la guerre future sera une guerre dans les étoiles et non plus une guerre sur la terre. De ce point de vue-là, la stratégie, les conflits armés vont revêtir une forme qu'ils n'avaient jamais eue jusqu'à présent. Je crois aussi que cette guerre future sera une guerre totale, qui englobera toute l'espèce humaine, mais qui pourra ne durer qu'un quart d'heure, dix minutes, peut-être deux minutes. Ce changement dans la durée des conflits est quelque chose d'inimaginable. Voilà pourquoi je ne peux pas vous répondre avec plus de précision ; je dois me contenter de faire avec vous un peu de science-fiction, d'être en quelque sorte votre Jules Verne !...

Une autre question ayant trait à la « prophétie » d'André Malraux : « Le XXIe siècle sera religieux ou ne sera pas. » On assiste aujourd'hui à un recul du religieux, ou, plus précisément, à un refus de sa médiation institutionnelle, à laquelle on fait le procès de ne pas apporter des réponses adéquates aux questions et aux espoirs de nos contemporains. Mais on voit en même temps les sectes religieuses gagner du terrain, ce qui tendrait à prouver que l'homme ne peut décidément pas étouffer cette part de transcendance inscrite au plus profond de lui-même.

Je pense qu'il s'agit là d'une question capitale car nous sommes à une époque où la religion s'efface et, dans certains cas, d'une façon dramatique et totale. Par exemple, lorsque, dans les sondages, on demande aux gens qui se disent catholiques – ils sont baptisés – s'ils croient à l'immortalité de l'âme, on est surpris de constater qu'au moins 20 % d'entre eux répondent n'y pas croire.

Ainsi assiste-t-on à un phénomène incroyable : l'incroyance des croyants, et à un phénomène symétrique et rassurant : l'aspiration à la croyance des incroyants ! En d'autres termes : la religion diminue et la religiosité augmente.

Ce phénomène est très intéressant. Il n'a encore été vécu ni étudié par personne. Il est en effet important d'observer une humanité où la religion cessera tandis que croîtront la religiosité, la superstition, les sectes. Comme je suis du côté de la religion, comme je professe, avec vérité, sincérité, profondeur, une foi chrétienne, catholique et romaine, je vais vous répondre du point de vue qui est le mien, c'est-à-dire du point de vue catholique romain : je pense que l'Eglise catholique romaine doit s'adapter à ces conditions nouvelles. Il faut que la religion parle un langage compréhensible aux gens d'aujourd'hui. On ne peut pas les évangéliser dans une langue étrangère.

Le pape parle sans cesse de ré-évangélisation. Il y a vingt siècles, l'Evangile annoncé par le petit troupeau des apôtres et des premiers chrétiens s'adressait à des païens qui n'en avaient jamais entendu parler auparavant. Il s'agissait de quelque chose d'entièrement nouveau. Or, aujourd'hui, que répondent les gens ? La religion du Christ, la religion de la Résurrection, la religion du pape de Rome, la religion du catéchisme, nous l'avons réfutée. Dans ces conditions, la ré-évangélisation est beaucoup plus difficile que la première évangélisation. L'annonce originelle de l'Evangile s'effectuait en terrain vierge, au lieu qu'aujourd'hui, le terrain est vieux et plein d'épines ; les réfutations y sont, en apparence, plus fortes que les affirmations. Devant cette difficulté, la nécessité se fait sentir, pour l'Eglise, de former le clergé de façon tout à fait nouvelle. Il ne s'agit pas seulement d'avoir des prêtres saints, il faut aussi des prêtres savants.

Mais il faut avant tout un clergé, un clergé solide. J'observe comme tout le monde ce qu'on pourrait appeler la carte religieuse de la planète, et je suis très frappé par deux faits indéniables. Tout d'abord, l'affaiblissement de ce qu'on peut appeler la religion, sous ses formes habituelles, traditionnelles et liturgiques. Il suffit d'entrer dans une église pour constater cette diminution de la religion ordinaire, celle que nous connaissions avant le concile, pour constater l'affaissement des rites traditionnels, de la confession, etc. Cette foi exposée, annoncée et pratiquée pendant deux mille ans par les populations européennes, et qui se manifestait au travers de nombreuses instances culturelles, cette foi diminue. C'est incontestable. Inversement, et comme pour rétablir une sorte de balance, l'attrait pour le religieux augmente. D'une certaine façon, le traitement que la presse réserve à l'action du pape Jean-Paul II en est un signe : la moindre de ses démarches est reprise, colportée à tous les horizons, examinée et souvent impitoyablement critiquée. L'autre signe, bien sûr, et nous l'évoquions tout à l'heure, c'est la floraison des sectes, de ces mouvements religieux indépendants et incontrôlables qui sont une espèce de faux mysticisme.

Dans le catholicisme, et je l'ai observé dans ma longue vie, dans une vie qui a commencé avec le siècle, le sens du sacré, le véritable mysticisme, l'amour normal et naturel du Créateur, tout ce qui avait nourri mon être pendant la période ante-conciliaire, tout cela a terriblement diminué. Il n'y a donc rien d'étonnant que, par contrepoids, se soient développés des états pathologiques du mysticisme dont les sectes sont un exemple.

Cela dit, le problème n'est pas nouveau. Dans l'Athènes de Socrate et de Platon, on a bien vu la multiplication des sectes sous les formes les plus aberrantes, alors que la religion traditionnelle diminuait. Ce phénomène que nous voyons se développer en France est un phénomène planétaire. Il est de tous temps, il s'est retrouvé autrefois et il se retrouvera demain.

Il semblerait toutefois que les religions juive et musulmane soient moins touchées par ce phénomène.

Il faudrait faire des statistiques exactes, des études approfondies avant de porter ce genre de jugement. Cela dit, je reviens à ma remarque précédente : il faut un clergé. Je crois en effet que les religions fortement constituées, longuement gouvernées, les religions soutenues par un clergé, par une caste ou une opinion publique favorable, ces religions-là ne sont pas en grande difficulté. Lorsque la religion en tant que telle est préservée par un clergé particulier, un clergé « spécialisé » si l'on peut dire dans la transmission de la tradition, ces phénomènes de secte ne se produisent guère.

Je ne suis pas étonné que le judaïsme ou surtout l'islam soient très prospères à l'heure actuelle. Il suffit de regarder à la télévision la ferveur des fidèles qui se pressent à Paris dans les lieux de culte musulmans, et la comparer avec la situation de nos églises. Cela pourra paraître anachronique à certains, mais je crois en la supériorité des religions à castes hiératiques et cléricales. En d'autres termes, la vocation pastorale est nécessaire, mais elle doit s'appuyer sur quelque chose d'essentiel, la dogmatique, dogmatique qui s'exprime par le clergé. A trop privilégier les pratiques pastoralistes, on en vient vite à l'opposé du but que ces pratiques voulaient atteindre : on affaiblit les pasteurs et l'on raréfie les fidèles.

Histoire et Destinée

Je voudrais que vous me parliez de votre livre Histoire et Destinée.

Histoire et Destinée et *La Pensée et la guerre* sont, à mon point de vue, mes meilleurs livres. *La Pensée et la guerre* est un livre que l'on peut qualifier de prophétique, quand je me rappelle la conférence que j'ai faite sur Hitler bien avant mai 1940.

Pour reprendre le premier de ces livres, je me suis attardé sur l'un des chapitres que vous intitulez « Le point indivisible ».

J'y expose ma conception. Le point indivisible ? Une de mes amies, Mme Pierre-Maurice Masson, dont le mari avait été tué en 1917, était allée consulter Bergson. En 1915, la veille de son mariage, elle avait eu un songe : elle avait vu son mari expirant dans une tranchée, à l'époque où l'on ne savait pas encore ce qu'était une « tranchée ». Elle avait dit à Bergson : « Comment expliquez-vous que j'ai vu, en 1915, mon mari expirant dans une "tranchée", en 1917 ? » C'est alors que Bergson lui avait dit : « Madame, je vous réponds par un mot très simple : notre vie est un point indivisible. » Alors, étudiant la destinée, je me suis servi de cette phrase pleine de mystère : la vie humaine est semblable à un « point indivisible ».

Je vous cite, toujours dans ce chapitre : « On est toujours étonné de la grandeur manifestée par l'homme le plus simple, quand un événement inouï survient et oblige. Ainsi, dans nos deux guerres, qui eût pu croire de telles souffrances, de telles abnégations possibles chez cet animal lâche et superbe, ami de ses conforts, et qui, lorsqu'il revient de Verdun ou de Dachau, sera derechef prisonnier de ses aises, avare, conservateur, excessif de son confort ou de ses petits honneurs ? »

C'est un problème insoluble pour moi. Comment tant de types qui avaient été des héros à la guerre, une fois rentrés chez eux, sont devenus des êtres insupportables ? Comment a-t-on pu, en 1916 à Verdun, sacrifier mille hommes au moins par jour avec des soldats pris n'importe où ? Comment peut-on transformer un homme ordinaire en héros ? C'est le même problème qui se pose à l'Eglise catholique. Comment peut-on transformer un individu ordinaire en « saint » ? Comment peut-on de la pâte humaine, qui est malléable et nauséabonde, faire sortir des fleurs ? C'est un problème sans solution à mes yeux.

Vous esquissez quand même une réponse, en écrivant : « C'est que les plus grandes vertus existent en nous à l'état de germes ; mais sans le choc de l'occasion, elles ne jailliraient pas. Et seul le calculateur infini des possibles pourrait déterminer à quel degré d'oubli de nous-mêmes nous aurions dû et pu nous hausser dans un contexte qui n'a pas été... »

La question fondamentale qui se pose là est la suivante : comment se fait-il que les germes d'héroïsme et de sainteté qui sont en nous ne passent à l'acte que dans des occasions très rares ? Nous sommes tous appelés à l'héroïsme dans l'armée, à la sainteté dans l'Eglise. Comment se fait-il que nous n'en profitions presque jamais ?

Vous avez l'exemple de ce prêtre polonais, le père Kolbe qui s'est offert à mourir de faim et de soif dans un bunker à la place d'un père de famille que les nazis avaient pris comme otage.

Le cas du père Kolbe, c'est un peu différent. Le père Kolbe avait l'idée que lorsque l'on était absolument dévoué à la Sainte Vierge (il avait fondé en Pologne la « Milice de l'Immaculée »), la Vierge se devait de vous donner la possibilité de résister dans les épreuves les plus épouvantables. Or, les choses les plus terribles se sont produites : on a exigé qu'il mourût dans un bunker après six jours d'agonie ; en chantant des cantiques. C'est ce qui s'est passé pour lui le 14 août 1941.

Vous écrivez aussi : « La plupart de nos actes de liberté ont été des actes de "fiat" ».

Je pense que la liberté consiste en général non pas à inventer, mais à obéir à une nécessité.

Et vous poursuivez : « Au fond, c'est le mot "fiat" – qu'il me soit fait ! – qui révèle l'essence de la liberté au cours de l'existence temporelle. »

Oui. Car, en général, on pense que la liberté consiste en un acte analogue à un acte d'invention qui consisterait à faire un acte qui n'a jamais été. Je crois au contraire, que la liberté consiste à faire un acte de consentement. Il s'agit de deux conceptions différentes de la liberté. La Vierge Marie telle qu'elle est dépeinte dans saint Luc ou saint Matthieu : elle ne fait jamais que des actes de consentement : elle n'invente rien.

Vous donnez aussi, dans ce chapitre sur le point indivisible, cette définition de la prière : « La prière est l'acte secret de la raison. »

La raison, disait Leibniz, c'est la lumière ; et l'amour, c'est la conséquence de la lumière. En nous, la première faculté, c'est la faculté appelée la raison, le *δοῦς*, qui vaut la lumière et que ce que l'on appelle l'amour est une conséquence de la lumière. Je n'aime pas qu'on emploie le mot *amour* à tout bout de champ. Je me méfie du mot *amour* (car c'est un mot plein de confusion), tandis que j'aime le mot *foi*, parce qu'il ne mène pas à la confusion.

Vous dites aussi : « La prière est l'acte qui nous place à la fois dans l'éternité de notre être et dans la temporalité de notre nature. »

Par exemple, la première partie du Notre Père nous place dans l'éternité. Puis, après, quand nous demandons le pardon, quand nous demandons de ne pas avoir d'ennuis, quand nous demandons de ne pas avoir de tentations, c'est la banalité de la vie. Mais la plus belle partie du Notre Père, ce sont les cinq premières demandes.

Pourrait-on expliquer la prière en deux temps : la ratio et l'oratio ?

Je pense qu'il n'y a pas de différences fondamentales entre la ratio et l'oratio. La ratio mène à l'oratio.

Tout raisonnement mène à la prière. Vous savez qu'il existe une différence entre, d'une part, le plaisir, la joie, le bonheur, et, d'autre part, la béatitude. Pourriez-vous préciser votre pensée sur ces concepts ?

Je pense que chacun de ces mots indique une nuance dans le domaine du désir ou du plaisir, dans le domaine du bonheur ; alors, évidemment, le mot le plus beau, c'est béatitude, puisqu'il s'applique à l'éternité. Mais, avant béatitude, il y a joie ; avant joie, il y a allégresse ; avant allégresse, il y a désir, etc.

Autrement dit, il est des quantités de mots. Mais, les plus beaux sont les mots d'un acte qui peut persévérer dans l'éternité. Alors, de ce point de vue-là, je trouve très beau le mot béatitude, puisque c'est le mot qu'on applique aux saints. Le mot désir et le mot plaisir ne peuvent guère s'appliquer dans l'éternité.

Les Béatitudes, cela rappelle aussi l'Evangile...

C'est un peu différent. Car les Béatitudes, l'Evangile les place sur la terre.

L'Evangile les place sur la terre, mais en fonction de l'Au-delà : « Bienheureux les cœurs purs, car ils verront Dieu. »

Il y a en effet quelques mots dans les Béatitudes, une espèce de lucarne ouverte sur l'éternité... mais pas nécessairement.

La loi et le glaive

On célébrait dernièrement le premier anniversaire de la mort du professeur Jérôme Lejeune. Joseph Vandrisse, saluant « cet homme d'exception qui avait entièrement épousé sa condition de croyant et toutes les conséquences qui en découlaient », se réfère dans Sophocle au fameux passage d'Antigone opposant à Créon les lois non écrites, inébranlables, celles des dieux. Peut-on être un homme politique chrétien et faire appliquer des lois ou des décisions parfois contraires à la morale ?

Je considère qu'un homme politique qui fait exécuter une loi alors qu'il sait qu'elle est mauvaise, n'agit pas bien. Il faudrait qu'il donnât sa démission. Mais, un officier ne peut pas donner sa démission à tout instant. Je pense que dans votre vie, il vous arrivera parfois d'être obligé de faire exécuter un ordre que vous regrettez.

Si l'ordre est déraisonnable, ce n'est pas trop grave. S'il est criminel, cela l'est davantage.

Qu'entendez-vous par criminel ? Si on laisse le soldat libre de décréter que l'ordre que lui donne le colonel est criminel, il n'y a plus d'armée. L'armée n'existe que lorsqu'il y a ce que l'on appelait autrefois « la discipline qui fait la force des armées ». Je pense la même chose sur l'Eglise catholique : qu'à partir du moment où, dans l'Eglise catholique, on donne à un évêque la permission de rejeter le dogme catholique, alors l'Eglise est en péril.

Certes, mais nous ne nous situons pas tout à fait sur le même plan. Le plan de la loi qui est profondément immorale...

Je crois qu'il est difficile, dans ces cas-là, de « briser sa carrière ». Car vous brisez votre carrière : à partir du moment où l'on vous demande quelque chose que vous n'approuvez pas, quand vous êtes officier, vous envoyez le soir même votre démission.

Cela s'est fait...

Moi, je crois que c'est très difficile. Dans les sociétés hiérarchisées, comme l'Eglise ou l'armée, donner le droit de désobéir est pratiquement inapplicable. Et aujourd'hui au moins autant que jadis, aujourd'hui où nous sommes confrontés à un défi plus grand encore, celui de la nouveauté absolue. Prenez la question de la guerre, par exemple, qui m'a passionné et qui se trouve révolutionnée par l'apparition de l'atome. Où et comment inscrire le « devoir de désobéissance » pour un officier supérieur dans un cadre aussi complexe et aussi lourd de conséquences ?

Justement, à ce sujet, que pensez-vous de la dissuasion nucléaire qui a été voulue par le général de Gaulle quand il est revenu au pouvoir et sur laquelle repose l'essentiel de notre défense ?

Je vous ferai d'abord remarquer que j'ai écrit un livre qui s'intitule *La Pensée et la guerre* où j'étudie cette question de la dissuasion. J'expose dans ce livre que ce qu'on appelle la guerre nucléaire (ce qu'on nomme vulgairement la « bombe atomique ») a changé du tout au tout la conception qu'on s'est faite, durant les siècles (et depuis l'origine de l'humanité), sur la guerre.

On a commencé quand l'espèce humaine a apparu sur cette planète par faire la guerre avec des pierres, puis des flèches ; puis, on a inventé quantité de moyens de guerre qu'on appelle des armes ; puis, on a réglementé plus ou moins l'usage de ces armes par des « conventions », soit en faveur soit contre la guerre. Mais cette immense histoire qui a duré des siècles et des siècles se termina quand est apparu ce phénomène appelé « bombe atomique » ; parce que dans ce phénomène appelé « bombe atomique » ou « guerre nucléaire », s'il y avait des morts, on ne pourrait plus les compter : le nombre des victimes d'une guerre nucléaire dépasserait toutes les proportions connues jusqu'à présent : il y aurait par exemple cinq cents millions de morts, alors que jusqu'à présent, même dans les guerres les plus sauvages, comme à Verdun, on n'avait pas dépassé trois ou quatre millions ou, dans la dernière guerre, cinquante millions. Avec la guerre nucléaire, le problème de la guerre change du tout au tout.

Alors, comme je l'ai dit plus haut, il est très difficile pour une intelligence de réfléchir sur des problèmes entièrement nouveaux : quand on veut réfléchir sur un problème, on projette sur l'avenir l'image du passé. On plaisante souvent les militaires, en disant qu'ils se trompent toujours d'une guerre : ils projettent sur la guerre à venir l'image de la guerre antécédente ; quand a commencé la guerre de 1914 (j'avais treize ans) on a projeté sur la Grande Guerre celle de 1870 ; quand a débuté celle de 1940 (j'avais trente-neuf ans), on projetait la guerre de 1914, et ainsi de suite. Cette fois-ci, on ne peut pas du tout projeter sur la guerre future l'image de la guerre précédente. Nous sommes devant un problème qui doit intéresser au plus haut chef les officiers philosophes qui réfléchissent comme vous, les penseurs qui s'occupent de la guerre comme moi. On doit faire réfléchir toutes ces personnes sur les problèmes absolument nouveaux qui se posent à l'ère atomique. Le problème nouveau, comme je l'ai indiqué dans mon livre *La Pensée et la guerre* est celui de la dissuasion. La guerre plus que jamais va devenir psychique ; en même temps qu'elle va devenir terrible au point de vue des armes, elle va devenir psychique au point de vue des cerveaux : le problème des problèmes sera, comme on disait autrefois des guerres coloniales, de montrer sa force pour en éviter l'emploi, c'est-à-dire dissuader.

C'est aussi la doctrine de Lyautey.

La dissuasion, qu'est-ce que c'est ? C'est une action de communication des consciences, une action psychique. Je trouve que Hitler a malheureusement été d'une grande habileté : avant d'avoir déclenché cette guerre qui a détruit l'Europe, en particulier la France, Hitler avait renouvelé cette idée simple : le grand procédé de la guerre, c'est la propagande. Qu'est-ce que la propagande ? C'est une communication des consciences, c'est un fait psychique ; de sorte que Hitler en un certain sens a compris, avec son cerveau diabolique, que la guerre dont il serait le principal acteur, serait une guerre psychique, une guerre où il faudrait d'abord agir sur des cerveaux, par conséquent dissuader.

Le problème des problèmes revient à empêcher la guerre, par la persuasion. C'est d'ailleurs ce que l'on fait en ce moment : tous les hommes d'Etat responsables et les grands maîtres des religions pensent à la paix, c'est-à-dire à la fin de la guerre. Les uns et les autres se rendent compte que le problème de limiter la guerre est un problème psychique, c'est-à-dire un problème philosophique, bien plus : un problème métaphysique.

Vous dites que nous n'avons pas eu l'expérience de cette guerre. Deux bombes atomiques ont quand même explosé en 1945 sur deux villes du Japon.

Oui. Les bombardements par l'arme atomique d'Hiroshima, puis de Nagasaki, ont permis de se rendre compte que cette guerre ne ressemblait pas aux autres : ces deux bombes ont fait plusieurs millions de victimes (le futur général des jésuites que j'ai connu à Rome, le R. P. Arrupe se trouvait à Hiroshima le 6 août 1945).

Dans un tel cadre, que penser de la conscription ?

Comme je suis citoyen, que je réfléchis, que j'ai fait mon service militaire, j'ai eu l'occasion de réfléchir au problème que vous appelez le problème du service militaire ou de la conscription.

J'ai l'avis qu'il est bon pour une nation que les jeunes de vingt ans offrent une année de leur vie pour le service de la nation. L'idée de conscription – qui remonte au Directoire – est une idée qui n'est pas injuste : les membres d'une nation doivent, à un certain moment, offrir leur vie totale à la nation. Le « service militaire » qui suppose que les incorporés connaîtront « le baptême du feu » est, du point de vue moral et du point de vue, si l'on peut dire métamoral, parfaitement raisonnable.

Autrefois, seuls les gens de famille noble risquaient leur vie au feu pour le service du Roi ; les autres, les agriculteurs et les ouvriers, n'étaient pas mobilisés. Je pense, par conséquent, que le fait que la conscription soit totale et atteigne, non pas les privilégiés, mais toute la nation, me paraît conforme à l'idéal.

Il est une seconde chose que je voudrais dire pour compléter l'idée que je viens d'exprimer : à l'heure actuelle, l'arme nucléaire (qu'on la prenne dans sa composante terre, marine ou air) est une arme savante et très technique. Le nombre de gens qui sont appelés à servir d'une manière efficace dans l'armée de demain se réduit à une élite : ce n'est pas la totalité de la conscription. La difficulté consiste à réunir ces deux aspects complémentaires du problème que vous me posez : d'une part, exposer tous les humains dès l'âge de 20 ans, au risque de la mort au combat et, d'autre part, satisfaire à cet aspect de la guerre moderne, qui sera une guerre ultra-technique, l'œuvre d'un petit nombre : officiers supérieurs et techniciens. Comment concilier ces deux obligations qui sont dans un sens inverse et complémentaire, cela demande une longue et difficile étude.

Que pensez-vous de l'action de nos troupes sous la bannière de l'ONU hier au Cambodge, en Somalie, au Rwanda ; aujourd'hui dans les Balkans ?

Je constate que nous arrivons à des formes tout à fait nouvelles d'alliances. Autrefois, une nation en guerre, disons la France, était alliée à une autre nation également en guerre, soit la Grande-Bretagne, soit la Russie. Etant alliée à un autre pays, la France gardait quand même son indépendance. On l'a vu pendant la Grande Guerre ou la guerre de 1940. Maintenant, la situation est tout autre. J'ouvre les yeux, je regarde la télévision et je vois qu'un officier français n'existe plus en tant qu'officier français : il dépend d'un officier étranger qui dépend lui-même d'un organisme difficile à concevoir, qui est un organisme international siégeant en Amérique, qui pourrait se déplacer et parvenir à n'importe quel coin du globe.

L'indépendance des nations, dans le fait de la guerre, est compromise : il est probable que dans les guerres nouvelles, nous serons précipités dans un conflit sans l'avoir voulu, sans l'avoir pressenti, sans l'avoir compris. C'est évidemment ce que le général de Gaulle ne voulait pas, quand, à un certain moment, il s'est détaché, d'une manière brusque, de l'alliance américaine. Mais maintenant, le général de Gaulle ne pourrait rien faire de semblable : tout général de Gaulle qu'il est, il serait obligé d'obéir à un organisme international qui siégerait à New York et dont il ne connaîtrait ni les membres ni les modes d'action. De ce point de vue-là, il y a là quelque chose de nouveau : la fin des alliances.

En tant que philosophe chrétien, je souhaite que la France en particulier fasse tous les efforts pour qu'on atteigne ce qu'on appelle la paix (qui n'est probablement qu'une interruption de la guerre). En tant que philosophe chrétien, je pense que les guerres sont inévitables : la paix est une interdiction de la violence pendant quelques années ; je crois (ce qu'a toujours pensé l'Eglise) qu'il faut travailler à la paix mais par des moyens concrets, pratiques. Je n'ai rien d'autre à dire sur ce sujet que ce qu'affirme l'Eglise qui, au fond, rappelle ce que souligne le bon sens universel.

Pour illustrer ce que vous venez d'exposer, je souhaiterais lire la lettre que vous avez rédigée, le 15 août 1994, à l'intention d'une promotion d'officiers saint-cyriens :

Vous m'avez demandé de vous écrire une « lettre ouverte », pour vous aider à être pleinement fidèles à votre vocation : la plus haute vocation, la vocation des armes. Je suis né avec ce siècle, qui, dans l'histoire des hommes, est sans analogue. Et, quoique étant un civil, j'ai porté sept ans l'uniforme du soldat. Sept ans sur quatre-vingt-quatorze, dont cinq ans en captivité dans les oflags.

Je n'ai jamais cessé de réfléchir sur la vocation des armes : mes plus grands amis ont été des officiers de carrière. Alfred de Vigny fut mon premier maître à penser la guerre. Il vivait en un temps qui ressemble au nôtre. Les grandes guerres de l'Empire étaient finies. Et la nation demeurait armée. On pouvait après Waterloo (et jusqu'à Sedan et la Commune) avoir l'expérience de ce qu'est l'armée en temps de paix. Alors se découvre son essence. Et cette essence a deux aspects : servitude et grandeur.

Jeunes Saint-Cyriens, vous allez faire une expérience incomparable dans les quelques années où s'achève ce siècle, et où se prépare l'avenir de l'Europe et du monde (pour le pire ou pour le meilleur). Vous allez connaître la servitude et la grandeur de la condition du soldat.

Et je vous donne, en une sorte de testament, ce qu'avait écrit Péguy sur le devoir des élites. Péguy s'adresse à ceux qui sont placés au centre d'un combat capital : « Les autres combattants, écrit Péguy, sentent qu'ils sont là où le combat est le plus vrai, là où la mort est la plus exigeante, là où le sacrifice est le plus utile, là où l'on ne se relâche jamais, là où l'on communie avec la pensée du chef qui a mis en votre unité sa totale confiance. Ce soir, votre unité sortira du feu, marquée à jamais. »

Le propre du génie français dans les guerres est de s'adapter contre toute attente aux situations imprévisibles. Or nous entrons dans une ère historique sans ressemblance, où les changements des armes passent toute imagination. (Songez par exemple aux satellites, à la prolifération nucléaire.) La tâche de l'officier français est capitale. Dans une civilisation, où tout change, où tout risque de se dégrader profondément ; il lui revient de sauver, par son exemple, les valeurs essentielles.

En dernier lieu, et pour parler un peu de l'anniversaire de la Victoire de 1945, je voudrais avoir votre opinion sur la façon dont le maréchal Joseph Staline a réussi à absorber la majeure partie de l'Europe centrale, à imposer un régime totalitaire à des pays qui, d'une part, ne le souhaitaient pas, et, d'autre part, s'étaient battus courageusement contre la barbarie nazie ou fasciste.

Ici, évidemment, il faut se transformer en philosophe de l'histoire. Je pense, en voyant les choses du point de vue de Dieu, qu'il était très bon que l'humanité fît l'expérience d'un Etat athée. Pendant très longtemps, l'humanité a fait l'expérience d'un Etat chrétien, d'un Etat catholique même, avec les rois de France en particulier et avec les empereurs d'Allemagne ; mais jamais encore, on n'avait expérimenté dans l'histoire charnelle un Etat athée, une athéocratie. Alors, je pense qu'il a été très bon pour l'humanité qu'il y eût en Europe une expérience de l'athéocratie. La preuve que l'athéocratie, l'imposition de l'athéisme par un Etat, n'est pas viable et aboutit à la ruine de l'Etat. De ce point de vue-là, du point de vue de l'histoire universelle, la parenthèse de quatre-vingts ans de l'empire athée soviétique est remarquable.

C'est effectivement le point de vue du philosophe, parce que ceux qui ont supporté cet asservissement pendant des lustres ne l'ont pas oublié.

Il n'était pas aussi grand que vous le supposez, car dans l'Etat soviétique et athée, il y avait encore des facultés catholiques.

Et cette inflexible résistance orthodoxe également en Russie.

Oui. Mais j'en reviens toujours à l'idée suivante que c'est une expérience merveilleuse du point de vue de l'impossibilité d'un Etat, d'un empire athées. Soixante-dix ans d'asservissement, cela fait deux ou trois générations ; ce n'est pas énorme.

Mais comment pensez-vous que ces pays sinistrés vont pouvoir sortir un peu de ce néant ?

A l'heure présente, l'on voit bien que tout est changé depuis que le mur de Berlin est tombé. Nous entrons dans une ère complètement nouvelle avec un optimisme, à mon point de vue, exagéré : je crois que l'athéisme d'Etat reparaîtra sous une nouvelle forme. Je voulais vous dire aussi, à vous en particulier, que je préfère les défaites aux victoires, parce que j'ai remarqué que, dans l'histoire, tous les peuples qui s'offrent une victoire se trompent. Nous nous sommes trompés avec Napoléon. Nous nous sommes trompés en 1918. Autrement dit, pour un peuple comme pour un individu, on tire beaucoup plus de profit d'une défaite que d'une victoire.

Le drame de l'humanisme athée

Je voudrais évoquer l'ouvrage du père de Lubac sur le drame de l'humanisme athée, et surtout votre livre Un siècle, une vie. *Vous notez dans ce livre : « Le propre de la religion catholique depuis deux millénaires, ce qui fait qu'elle est incomprise et persécutée, alors qu'on peut s'accommoder de toutes les autres, c'est qu'elle n'a jamais cédé sur l'essentiel. » Qu'entendez-vous par l'essentiel ?*

Au cours de ma vie de philosophe et de chrétien, je me suis toujours exercé à discerner, dans toutes les questions qui se présentent à moi, ce qui est essentiel et ce qui ne l'est pas. Cette méthode est capitale dans les périodes de mutation comme la nôtre. Prenons un exemple : le prêt à intérêt (sur lequel sont fondés notre culture industrielle, nos échanges commerciaux, nos rapports humains) était condamné au Moyen Age. Or, aujourd'hui, le prêt à intérêt est devenu en apparence essentiel non seulement à notre commerce et à notre civilisation, mais aussi à nos rapports quotidiens. Dans ces conditions, la distinction entre l'essentiel et le non-essentiel est très difficile. C'est pourquoi, je prie tous les jours pour le pape car, en définitive, c'est lui qui, en tant que successeur des apôtres, doit permettre aux chrétiens de discerner dans les moments ténébreux et obscurs ce qui est essentiel et ce qui ne l'est pas. Le sacerdoce des femmes, la loi du mariage, le droit de guerre, la peine de mort : les exemples sont sans nombre car nous sommes peut-être à une période où l'humanité connaît des changements beaucoup plus radicaux que dans les époques précédentes. Où est l'essentiel, où est le circonstanciel ? La question que vous posez est donc particulièrement délicate et capitale.

Le père de Lubac affirme que l'auteur du positivisme « s'il n'est pas athée, au sens le plus courant du mot, est résolument antithéiste ». Où serait, dans le cadre qui nous occupe, l'apport « essentiel » de Comte ?

Dans ma vie, j'ai naturellement beaucoup étudié Auguste Comte. Connaissant toute son œuvre, étudiant son histoire et ses amours, relisant ses livres, je suis persuadé qu'on le présente très mal. Ainsi, la fameuse loi des trois états, que j'ai apprise par cœur à quinze ans, ne correspond pas le moins du monde à ce que l'on dit généralement à son sujet. Auguste Comte n'a pas voulu anéantir la religion – chrétienne notamment –, mais il a cherché à lui donner des bases plus sûres et diviser globalement l'histoire de l'humanité en trois périodes : l'âge théologique, l'âge philosophique, l'âge positif. Je serais volontiers partisan de cette classification. A voir les choses de très haut, comme un aviateur voit la terre, on s'aperçoit que l'humanité a commencé par être théologienne : la première science de l'humanité est la science de Dieu ou des dieux. On peut donc dire que l'humanité a très bien commencé, puisqu'elle a commencé par la théologie qui est la science suprême. Puis, elle a hésité longtemps dans une voie ambiguë qu'Auguste Comte appelait métaphysique, où elle oscille entre la théologie qu'elle vient de perdre et la science positive qu'elle n'a pas encore gagnée. Alors, il y a une phase incertaine qu'il appelait métaphysique. Et puis après, Auguste Comte, à juste raison je crois, pensait que l'étape suivante était celle des connaissances positives, c'est-à-dire fondées sur la réalité expérimentale, telle qu'elle s'exprimait dans cette connaissance nouvelle qu'on appelle la science, née au XVIIe siècle avec des génies comme Galilée ou Newton, et maintenant développée avec les grands savants contemporains.

Reconsidérons donc la pensée profonde d'Auguste Comte, d'autant plus qu'il était, comme de grands génies, pris de délires et de folies et qu'au milieu de sa vie, à la suite d'un grand amour pour une femme morte tuberculeuse, il avait eu l'idée de fonder une nouvelle religion : la religion positiviste, qui existe aujourd'hui encore en Amérique du Sud. Au vrai, cette religion était un démarquage du catholicisme. Auguste Comte en avait déterminé les saints, qu'il fallait louer chaque jour, les livres que l'humanité devait considérer comme parfaits du point de vue moral et religieux. Il avait ainsi indiqué que le plus beau de tous les livres était *L'Imitation de Jésus-Christ.* Il a par ailleurs écrit de remarquables pages sur le culte de la Vierge. C'est vous dire combien il était en avance et comment un personnage qui n'est pas du tout positiviste peut le considérer comme son maître.

Pour poursuivre dans cette voie, il pourrait être intéressant de se référer à l'opposition entre la philosophie de Nietzsche et celle de Dostoïevski, telle que le père de

Lubac la définit : « Nietzsche, en maudissant (le monde), y voit un héritage de l'Evangile, quand Dostoïevski, qui ne le maudit pas moins, y discerne le résultat d'un reniement de l'Evangile. En fin de compte, s'opposant sur l'homme et sur Dieu, ils ne s'opposent pas moins sur le sens du monde et sur notre histoire humaine parce qu'entre eux deux est planté le signe de la contradiction. »

Après tout, pourquoi pas ? Mais cela ne s'impose pas à mon point de vue. En quoi cela consiste-t-il au fond de dire ce que dit le père de Lubac ?

Pour le père de Lubac, Nietzsche maudit le monde car, pour lui, c'est un monde sans Dieu. Pour Dostoïevski, le monde est mauvais, parce qu'il a perdu la voie de l'Evangile.

Nietzsche dit à peu près la même chose.

Oui, mais la finalité n'est pas la même.

Je le sais bien. Mais on peut les comparer tous les deux. Nietzsche avait l'idée que Dieu était mort. C'est-à-dire que l'on était arrivé à un siècle vraiment athée. Mais il avait aussi l'idée que le Christ ressusciterait.

En 1943, le père de Lubac a des mots très durs sur Martin Heidegger – le loup en Forêt noire, comme vous l'avez appelé : « Le besoin de se passer de Dieu, déjà à l'œuvre dans la génération précédente, tourmente plus que jamais depuis Nietzsche, des âmes qui ne manquent pas toutes de noblesse… Il ne suffit pas non plus à un Martin Heidegger de nier Dieu : il lui faut dépasser une telle négation, afin d'éliminer tout risque de retour affirmatif, en refusant de laisser même poser le problème de Dieu. »

Martin Heidegger était favorable à Hitler. J'ai passé avec Heidegger un jour entier. Il m'a emmené à six kilomètres dans la neige. Puis nous avons creusé. Il m'a dit alors que le travail qu'il faisait en creusant était le travail du philosophe. Chez lui, j'ai vu la façon dont il travaillait. Son bureau était occupé par une rose dans un vase et le portrait de sa mère. Il était amoureux de sa mère. Je n'ai vu chez lui que des livres de mystique. Il n'y avait pas de livres de philosophie.

En fait, Heidegger était vraiment le type du mystique pur. Je crois qu'il était plus mystique que Husserl lui-même, le créateur de la phénoménologie.

Une autre personnalité que vous avez connue, Jean Rostand, écrivait dans ce même sens : « L'humanité avance vers sa fin. Il n'y a plus rien : ni poésie, ni musique, ni architecture, ni peinture – ni même de politique ; il n'y a pas davantage de religion. Les forces qui nous mènent sont la sexualité et la science. »

J'étais très lié avec Jean Rostand. Au fond, comme Heidegger, c'était un athée prodigieusement religieux. Il ne pensait qu'à la religion.

Quand il vous voyait, il ne vous parlait que de Dieu ?

Oui, il ne parlait que de la religion.

Comment s'est-il partagé, sa vie durant, entre la science et la quête de Dieu ?

Ce qu'il y a d'amusant, c'est que Jean Rostand m'a souvent raconté qu'à l'âge de dix ans, il avait refusé de faire sa première communion.

C'est étonnant : sa mère se préoccupait de ces questions.

Rosemonde Gérard, oui, et il aimait beaucoup sa mère... C'est le type de mystique athée.

Comment un homme qui ne croit pas en Dieu peut-il être toujours à la recherche de ce Dieu ?

Un jour, Jean Rostand m'a dit : « Vous avez rudement de la chance, Guitton, de croire en Dieu parce que vous pouvez n'y pas penser. Moi, qui n'y crois pas, je suis obligé d'y penser toujours. »

Pour revenir à Dostoïevski, le père de Lubac écrit à propos des Frères Karamazov *: « Le mysticisme des* Frères Karamazov *est celui même de la Résurrection. Il reste eschatologique. Il est celui du quatrième Evangile, mais il est aussi celui de l'Apocalypse. Dostoïevski ne rêve pas de je ne sais quelle éternité, saisie dans l'instant... L'éternité est là, toute proche... Son âme reste tourmentée. Cependant, vers le soir, ses doutes s'apaisent. Il croit en l'immortalité. Il attend la résurrection. »*

Naturellement, je ne connais pas Dostoïevski comme le père de Lubac, je ne l'ai pas fréquenté chaque jour, mais j'ai lu *Les Frères Karamazov* et j'ai été frappé par la mystique très profondément chrétienne et même catholique de ce livre. En particulier, est-ce dans *Les Frères Karamazov* qu'il y a l'histoire des tentations du Christ ?

Oui, dans le passage « La légende du Grand Inquisiteur ».

Le Christ est tenté par trois tentations perpétuelles de l'Eglise, à savoir : la tentation matérialiste (Satan demande au Christ de faire du pain avec des pierres) ; le pouvoir sur les choses, c'est-à-dire le pouvoir des miracles ; le pouvoir sur les esprits, c'est-à-dire le pouvoir de convertir. L'épisode de la tentation de Jésus avait frappé au plus haut degré Dostoïevski et il avait conçu que la tentation du Christ était une tentation permanente des Eglises, en particulier de l'Eglise catholique. Il pensait que l'Eglise orthodoxe avait échappé en grande partie à la tentation dans laquelle était tombée l'Eglise romaine.

Le croyez-vous personnellement ?

En tant que catholique, je ne peux le dire, mais je suis frappé de voir que, lorsqu'on fréquente des orthodoxes, surtout maintenant que le communisme a disparu, on s'aperçoit qu'ils ont une conception, une vie beaucoup plus profondément religieuse que le catholique ordinaire. De même, dans l'islam, il est admirable de voir combien la religion pénètre dans leur corps. A tel point qu'au ramadan, ils ne mangent pas pendant un mois et que, plusieurs fois dans la journée, ils se livrent à des actes rituels. Quant à moi, j'ai souffert lorsque j'ai entendu que le concile supprimait l'abstinence du vendredi.

Alain-Fournier écrit, dans une lettre à Jacques Rivière du 3 janvier 1913 : « De longues conversations avec Péguy sur les grands événements de ces jours passés... je dis, sachant ce que je dis, qu'il n'y a pas sans doute, depuis Dostoïevski, un homme qui soit aussi clairement "Homme de Dieu". »

En ce qui concerne Péguy, je crois que c'est très vrai. Péguy a souvent dit qu'il voulait parcourir dans le domaine de la foi chrétienne le chemin qu'avait parcouru Goethe dans le domaine de la croyance païenne. Il voulait être pour le christianisme ce que Goethe avait été pour le paganisme. Il y avait chez Péguy, comme il y avait chez Dante, chez Homère si l'on peut dire, ou chez Platon, l'idée de l'universalité. Péguy voulait repenser, recréer, restaurer, christianiser toute la vie humaine. En général, l'homme oppose la jeunesse à la vieillesse. Eh bien, pour Péguy, les deux plus grandes saintes, c'était sainte Jeanne d'Arc et c'était sainte Geneviève. Jeanne d'Arc pour la jeunesse, sainte Geneviève pour la vieillesse. Or, à la fin du poème d'Eve qui comporte trois mille vers, Péguy canonise et divinise à la fois Jeanne d'Arc, symbole de la jeunesse, et sainte Geneviève, symbole de la vieillesse. Péguy a retrouvé l'inspiration d'Homère : un grand poète doit être universel, c'est-à-dire qu'il doit, en quelque sorte, ressusciter tout ce qui existe, et en particulier le langage. Alors, Péguy a pris le langage français, le langage qu'il avait étudié à l'école. Il a infusé dans le langage français un sang véritablement nouveau, de sorte que je le place, au-dessus de Claudel, comme le plus grand poète.

Et puis sa mort...

Oui, cela se couronne par le sacrifice.

Vous prêchez un peu pour votre chapelle : Péguy était normalien comme vous, alors que Claudel ne l'était pas.

Claudel, au moment où nous entrions à l'Ecole normale, s'amusait au quartier Latin.

Vous rendez un hommage appuyé dans votre livre au père Teilhard de Chardin. Nous en avons déjà longuement parlé, mais je souhaiterais y revenir, sa démarche s'attaquant de front à cette question de l'humanisme athée. J'ai là un de ses textes, L'Hymne de l'univers, *et je voudrais que vous m'en commentiez la préface qui s'attarde notamment sur son humilité.*

Je trouve que la fin de la préface écrite par la reine Marie-José dans ce livre n'est pas exacte. Il n'est pas humble, le père Teilhard de Chardin !

Comment voulez-vous être humble ? Je ne vois personne, même Vincent de Paul, je ne vois pas un saint qui puisse être véritablement humble.

Je l'avais entendu dire qu'il voulait mourir le jour de la Résurrection. Et il est mort le jour de Pâques.

C'est assez curieux.

Non. On voit des femmes qui disent, quand elles attendent un enfant, qu'elles désirent qu'il naisse le jour de Noël. Et l'enfant naît le jour de Noël. Je ne trouve pas cela extraordinaire. Au contraire, je trouve cela tout à fait naturel.

Connaissiez-vous ce texte, L'Hymne de l'univers *?*

Non.

Il illustre assez bien ce que vous avez vous-même écrit sur Teilhard de Chardin : « L'obéissance ne consiste pas à être un cadavre entre les mains d'un supérieur. La vraie discipline exige parfois qu'on lui résiste en se souvenant que même s'il se trompe, il faut la mort dans l'âme se soumettre. Je me doutais que, pour cette dernière note, le père me faisait une indicible confidence. »

Oui, la difficulté du père Teilhard, c'était qu'il ne pouvait admettre que les choses concrètes, que l'on pouvait toucher, qui étaient présentes. Alors, les choses de la foi, comme elles n'étaient pas pour lui concrètes, elles n'avaient pas la valeur de la matière.

Sur la question du Christ, du Christ historique, quelle était sa position ?

C'est très compliqué. Les discussions que j'avais avec le père Teilhard, et il y en avait beaucoup, portaient sur le Christ historique. Moi, je m'intéressais au Christ historique, lui ne s'y intéressait pas beaucoup.

On aurait pu naïvement croire le contraire.

Il pensait, comme je vous l'ai déjà dit, que dans mille ans le Christ ne serait plus historique. Autrement dit, le Christ était un personnage de l'avenir, et non pas du passé. Pour lui, la présence était la chose qui importait le plus. Alors, la femme, la sexualité, les arbres, la terre, la lune, étaient des choses réelles.

Concrètes.

Alors que le péché originel, Jésus-Christ, étaient des choses abstraites.

Le croyez-vous vraiment ?

Pour lui. Je ne parle pas pour moi. Ces choses irréelles, il les admettait très bien parce qu'il était très catholique et ne voulait pas se séparer de l'Eglise. Mais il leur donnait des sens personnels. Par exemple, il ne croyait guère – nous en avons déjà parlé – au « péché originel ».

Vous l'avait-il dit ?

Cela éclate dans tous ses livres.

Vous étiez plus jeune que lui, d'une vingtaine d'années. Comment réagissiez-vous ?

J'ai pensé que, quand le père Teilhard avait converti quelqu'un, il fallait que j'intervienne pour le reconvertir. Autrement dit, j'ai pensé que, dans le phénomène de la conversion, il faisait passer le premier pas à des athées, mais que ce n'était pas suffisant parce qu'il enlevait la substance, l'essence, la réalité à tout ce que l'Eglise catholique considère comme capital. Alors, ce sens « teilhardien », je pense qu'il avait de grandes difficultés à le dépasser.

Et quel homme était-il ?

Oh, il était courtois, très bien élevé, et toujours très bien vêtu. Il était élégant, distingué. Je le regardais quelquefois dire la messe, il était toujours fort élégant.

Et le père Leroy ?

Le père Leroy était un grand ami de Teilhard de Chardin. Ils avaient vécu à Pékin ensemble. Le père Teilhard avait deux cultes : le culte de la pierre, d'une part, parce qu'il avait beaucoup aimé les pierres, et le culte du Sacré-Cœur de Jésus, d'autre part, parce que sa mère aimait beaucoup le Sacré-Cœur. Alors, il me racontait qu'il avait voulu unir la pierre et le Sacré-Cœur et que c'était toute sa pensée.

Il est quand même plus facile d'unir la pierre et le Sacré-Cœur que d'unir Lénine à sainte Thérèse d'Avila.

C'est pourtant ce que voulait faire Althusser. C'est ce qu'il avait voulu exposer à Jean-Paul II.

Althusser avait été votre disciple.

Oui. Et je dois dire que mes rapports avec lui ont été marqués par ce qu'il y a de plus dramatique dans la vie d'un « maître » par rapport à son disciple. Pendant dix ans, il avait été mon plus proche disciple, celui auquel j'avais remis mon héritage du point de vue philosophique, littéraire et religieux. Et puis, après sa captivité, il est venu me dire qu'il était devenu athée, incroyant et marxiste. Qu'il rejetterait, qu'il brûlerait ce qu'il avait adoré, mais, avait-il ajouté, en me gardant la fidélité du cœur. A chaque fois qu'il serait malade – il souffrait de troubles cérébraux –, il m'appellerait à lui. Le pacte a été tenu quarante ans. J'ai souffert de voir que celui en qui j'avais mis toute mon espérance avait tourné ses armes contre moi... hormis l'affection, sans doute, mais même son respect était teinté d'ironie. Il pensait que je me trompais radicalement. Alors, il écrivait le contraire de ce que je lui avais enseigné et, quand il avait trop mal, il m'appelait pour ainsi dire à son chevet. Puis il est mort, dans de grandes souffrances.

L'idée d'Althusser était claire et, comme je vous l'ai dit, il avait pensé l'exposer à Jean-Paul II. Jean-Paul II m'avait du reste indiqué qu'il serait très content de recevoir un homme comme lui, qui va jusqu'au bout de ses idées. Mais Althusser est mort avant. Avant de pouvoir exprimer cette idée que le monde est sur le point de traverser une crise suprême, celle de l'athéisme universel. Il ne voyait qu'un seul moyen pour conjurer cette crise : unir les opposés absolus, dont l'un est l'athée absolu, à savoir Lénine, et l'autre la mystique suprême, à savoir sainte Thérèse d'Avila. Il pensait que la réunion de ces contraires permettrait de résoudre le problème considérable de notre génération.

Tout de même, il est quand même plus facile d'unir la pierre au Sacré-Cœur.

C'est du même ordre. Parce que c'est unir des choses qui en apparence sont très contraires.

Enfin la pierre, c'est un symbole chrétien : « Tu es Pierre. Et sur cette pierre, je bâtirai mon Eglise. »

Peut-être...

L'après-concile Vatican II

Traitant de la crise présente de la foi catholique, vous écriviez dans les années 70 : « Qu'il dût y avoir après le concile une crise dans l'Eglise, c'était prévisible, c'était inévitable. Et même on devrait dire que la crise est bénigne, qu'elle pourrait être plus vaste, plus interne. » Vingt-cinq ans après, confirmez-vous ou infirmez-vous ce jugement ?

Je pense en effet que dans l'histoire des conciles, surtout des très grands conciles, comme le concile de Nicée, le concile de Trente, la période la plus difficile à franchir, la plus redoutable et la plus longue, c'est la période qui suit le concile : l'application du concile. Cette règle, qui est très générale, m'a paru se vérifier s'agissant de Vatican II. Le concile avait son rythme propre, sa vitesse de croisière. Pour les observateurs du dehors, tout se passait de la meilleure manière, mais on s'aperçoit que la vieille loi (qui consiste, dans un concile, non à le préparer, à le faire, mais à le continuer, à le prolonger) s'applique encore et peut-être plus que jamais. Pourquoi ? Parce que l'Eglise catholique qui est très récente (elle n'a que deux mille ans) n'a jamais connu de crise comparable à la crise actuelle : il est certainement une espèce de fossé de plus en plus grand qui se creuse entre l'homme moyen qui essaie de connaître et puis l'homme catholique, le chrétien. Evidemment, à mon point de vue, ce fossé est en train de diminuer et même de se résorber, puisque les grandes découvertes scientifiques récentes, en particulier celles de Planck, et même d'Einstein, de Costa de Beauregard, vont plutôt dans le sens de la foi. Il n'empêche que ceci n'est pas encore ressenti par le commun des mortels. Pour ce public, plus on est intelligent, plus on est incroyant. Le public de la télévision qui est si remarquable par son influence, quand il regarde le « petit écran », s'aperçoit que la religion catholique n'a pas les ondes, n'a pas « la parole » pour elle. Il est certain que nous observons en ce moment un état critique qui se manifeste de la façon suivante : pendant deux mille ans, l'Eglise avait une attitude abrupte, rude, mais très correcte, et continuait d'affirmer : « Je dis la vérité, je dis que deux et deux font quatre. Vous, incroyants, affirmez que deux et deux font cinq. Eh bien, tant pis pour vous. » Tandis que maintenant il ne s'agit pas de cela du tout. La plupart des esprits sont gagnés par l'idée que plus on est intelligent, moins on est croyant.

Cette attitude est une manifestation de l'orgueil humain.

Appelez cela du nom que vous choisirez, mais je répète qu'il n'y a pratiquement jamais eu dans les vingt siècles d'histoire du christianisme de crise aussi remarquable, aussi notable, aussi cruelle, aussi dure, aussi insidieuse, aussi diabolique que dans notre époque. Un exemple, s'il vous plaît : dans mon enfance qui s'est prolongée puisqu'elle a duré cinquante ans avant le concile, il y avait une certitude : la foi des évêques. Maintenant on entend certains évêques dire qu'ils sont à la recherche de la foi. Alors, si des évêques le disent, je ne vois pas pourquoi moi, simple fidèle, je n'y serais pas à la recherche également. Cette attitude des évêques me paraît étrange. Car il me semble qu'un évêque ne devrait pas dire qu'il est « à la recherche », mais affirmer : « J'ai la Vérité, vous ne l'avez pas. Je vais m'efforcer de vous amener à Elle, autrefois durement, maintenant doucement, gentiment. Mais enfin il est une différence considérable entre deux et deux font quatre, deux et deux font cinq ou deux et deux font sept. Moi, catholique, représentant Dieu sur la terre, j'ai deux et deux font quatre. Vous, malgré toutes vos illusions, vous avez une idée fausse concernant la Vérité. »

Le cardinal Newman disait : « Chaque siècle est semblable aux autres, mais à ceux qui le vivent, il paraît pire que toutes les époques qui l'ont précédé... La cause du Christ est toujours agonisante, comme si ce n'était qu'une question de temps pour qu'elle échoue définitivement un jour ou l'autre. » Qu'en pensez-vous ?

C'est une pensée souvent exprimée par le cardinal Newman : j'ai vécu de son œuvre pendant de nombreuses années. La religion catholique, quand on la prend dans son amplitude, dans sa force, sa cohérence, n'est pas aisément acceptée de l'homme. Les empereurs romains admettaient toutes les religions. Ils avaient même construit un édifice appelé le Panthéon – *τὸ πάθθειον* – où ils accueillaient tous les dieux. Or, dans le Panthéon, il n'y avait aucune difficulté à admettre le Dieu juif. Il y avait une case pour le Dieu d'Israël mais il n'y a jamais eu dans le Panthéon une case pour le Dieu chrétien. Le catholicisme a eu l'insigne privilège d'être, dès sa naissance, condamné à mort. Les chrétiens allaient « *ad bestias* ». C'est là le grand privilège du catholicisme : comme il proclame ce qui est vrai et que la vérité est insupportable, il est dès l'origine toujours et partout condamné à mort. Le cardinal Newman le constate, mais également saint Augustin. C'est pourquoi tout chrétien est un « martyr en puissance ». L'originalité du chrétien consiste en ce qu'il a d'avance accepté de mourir « martyr » c'est-à-dire témoin.

C'est le discours évangélique des Béatitudes : « Heureux êtes-vous quand on vous insultera, on vous persécutera, et qu'on dira contre vous toute sorte d'infamie à cause de Moi. Soyez dans la joie et l'allégresse, car votre récompense sera grande dans les cieux... » La guerre est déclarée dès le début.

Comme vous le dites très bien, la guerre est déclarée dès le début.

*Chaque siècle ou presque, l'Eglise a connu ses schismes, ses hérésies. En ce XX*e *siècle quelles sont les déviations qui vous ont le plus marqué ?*

Au XXe siècle, il est beaucoup de déviations du christianisme. Vivant dans un milieu laïque, universitaire français, profondément pénétré de l'athéisme contemporain, hégélien, freudien, marxiste ou spinoziste, j'ai toujours été entouré par des maîtres, ceux que je vénérais comme mes professeurs, mes modèles (c'est l'acception que je donne au mot maître), qui étaient incroyants. J'ai donc été baigné dans l'incroyance. Cette situation m'a toujours servi, parce que j'ai un caractère non conformiste (que je tiens de mon père) ; je me suis révolté contre les révoltés. J'ai donc conforté ma foi en disant non à la négation. Etre capable de dire non... C'est aussi ce que disait Galilée. Mon père qui avait le tempérament révolté, avait laissé un papier sur sa table que j'ai trouvé après sa mort : *« Etiam si omnes, ego non. »* « Même si tous le disent, moi je ne le dis pas. »

C'était assez crâne, assez courageux.

Dans mon cas, ce n'était pas du courage. C'était l'esprit non conformiste, la révolte. Maintenant, il est très difficile de distinguer les biens et leurs contraires. Toute conduite qui paraît parfaite peut être expliquée par des causes imparfaites. Quand on voit un chrétien mourir martyr, on peut dire que c'est la forme la plus haute du courage ; mais l'on peut dire aussi que c'est la forme la plus parfaite du *bon calcul,* puisqu'en subissant le martyre, le chrétien va droit au ciel.

On parle souvent dans le christianisme des vérités horizontales, des vérités verticales, de l'équilibre qu'il faut sagement trouver entre elles. Pensez-vous que nous y soyons parvenus ou, qu'au contraire, l'Eglise contemporaine accorde une part trop importante aux vérités horizontales ?

Je le pense fortement, cela m'a frappé pendant le concile et n'a pas frappé que ma personne. Un très grand théologien, Urs von Balthazar (qui est probablement le plus grand esprit et mystique de ce temps), avait affirmé que le concile prenait une mauvaise voie parce qu'il privilégiait l'horizontal sur le vertical. En effet pendant tout le concile, on a parlé beaucoup de l'homme, et peu de Dieu. On a fait cela dans un but de charité, de manière à se faire comprendre davantage des esprits de ce temps qui sont très occupés de ce qui concerne l'homme.

L'Evangile enseigne que l'amour de l'homme pour l'homme dérive de l'amour de l'homme pour Dieu. Ne pensez-vous pas que de nos jours « l'amour de l'homme pour Dieu devient un symbole imaginaire de l'amour de l'homme pour l'homme » ?

C'est évident. Dans une époque où l'on ne parle que de l'homme, que des droits de l'homme et que l'on fait un silence prudent sur les devoirs, nous vivons des temps où la véritable vérité n'est pas suffisamment proclamée. Peut-être est-ce nécessaire ? Si on la proclamait, cela aurait pour effet de rendre la religion odieuse à la plupart des gens. En un certain sens, il faut de la condescendance, se mettre au niveau des autres, abaisser en quelque sorte la vérité, l'adapter à toutes les conditions d'écoute.

Ce qui nous ramène à ce thème qui est sous-jacent à plusieurs de nos échanges, celui du moindre mal. Un chrétien doit-il s'adapter ou doit-il s'opposer lorsque des valeurs ou des traditions qui lui semblent essentielles sont en danger ?

C'est un problème qui s'est posé de tout temps au christianisme, étant donné que le christianisme heurtait d'une manière scandaleuse le paganisme antérieur. Il était obligé de s'opposer, de condamner, et, par conséquence, de risquer le martyre, c'est-à-dire la disparition par mort violente. Il y a donc eu de tout temps deux tendances : l'une, dogmatique, consistait à dire, mourons, mourons, nous n'appartenons pas à cette vie de misère, nous sommes des citoyens de l'Au-delà ; et puis un autre, la pastorale, qui disait, ne mourons pas, demeurons parmi les gens pour les évangéliser, les convaincre.

Et ces deux formes, la dogmatique et la pastorale, se retrouvent toujours. Au concile Vatican II, par la volonté de Jean XXIII, on a fait prévaloir le pastoral sur le dogmatique. Et c'est là où nous sommes aujourd'hui. Dans le moindre mal. Maintenant, je crois qu'après bien des années, des siècles peut-être, c'est ma tendance qui prévaudra, celle du dogmatique. Et cela d'autant plus que le choix du pastoral est en soi un choix fallacieux. Il suppose une « dogmatie ». Dans le moindre de nos gestes, il y a un sens. On ne peut séparer le geste du sens du geste. Il n'y a pas de geste, je le répète, il n'y a pas de parole et pas de doctrine qui ne soient au fond dogmatiques. L'homme est un être qui pense, qui cherche et obtient la vérité. Quand il croit chercher l'utilité, il se trompe lui-même.

Bien qu'ils évoluent sur un plan différent, les personnages du Misanthrope *représenteraient assez bien ces deux types de comportement face au monde.*

C'est assez vrai. C'est assez amusant. Je dirais alors qu'Alceste a raison sur le fond mais pas sur la forme. Quant à Philinte, il a raison lui aussi... car c'est un homme bien élevé.

Le renouveau de la foi religieuse en France

J'ai été frappé de voir l'essor nouveau que prennent les pèlerinages dans notre pays. Tout au long de nos entretiens, nous avons eu l'un et l'autre, une nostalgie certaine de la spiritualité des temps passés, des manifestations de piété collective, des processions de Fête-Dieu. On constate qu'une foi populaire renaît, se développe, à travers ces pèlerinages.

Il est toujours très difficile de parler de ce qui se cache dans le fond des cœurs : la foi religieuse, soit celle d'un individu, soit celle d'un pays. En France, selon que l'un parle à Jacques ou à Pierre, on a des vues optimistes ou pessimistes. Je suis frappé de voir que reparaît, en France, ce qui n'avait jamais paru depuis longtemps ; une nouvelle flambée de la foi populaire ; de la foi des gens qui mettent un pied devant l'autre, qui font ce que l'on appelle des « pèlerinages ». On pourrait parler (et nos adversaires ne manqueraient pas le souligner), d'un retour à la superstition.

Que le Saint-Père vienne à Saint-Anne-d'Auray, voilà également le signe d'un renouveau de notre chrétienté. Et devant de telles manifestations de foi collective, on peut croire s'avancer vers un XXI*e siècle religieux. Et puis, nous avons l'exemple des Russes orthodoxes qui ont survécu pendant soixante-dix ans de barbarie soviétique, survivance qui est avant tout d'essence populaire.*

On ne peut pas vous contredire sur ce point. Mais je suis plus sensible que vous au fait que le renouveau par la ferveur populaire ne suffira jamais. Ce n'est pas la base qui importe, le plus important c'est la tête : c'est la religion de saint Augustin, de saint Thomas, de Pascal, de Bergson, qui a mené le reste ; ce ne sont pas les mouvements des marcheurs à pied. Je vous dis les choses comme je les vois : je ne suis pas aussi optimiste que vous. Alors je pense que Malraux a raison dans ses célèbres prédictions sur l'avenir de l'humanité [1]. Etant catholique, philosophe, j'ai l'avis que ce qui triomphera, c'est la vérité et non pas l'erreur. Par conséquent je suis bien avec vous. Mais comment, dans quel cheminement, au milieu de quel cataclysme, quelle catastrophe, cela je ne le sais pas. L'avenir est obscur. Mais ceux qui croient, qui espèrent et qui aiment savent que ceux qui cherchent la vérité ne seront pas déçus.

1. Jean Guitton apporte les précisions suivantes dans *Portrait du père Lagrange* : « Bien des causes ont fait que le peuple, en grande partie, s'est retiré de l'Eglise, mais de toutes ces causes la plus importante est sans doute que les intelligences s'en étaient retirées d'abord. Pour que le peuple revienne à la foi, bien des travaux sont demandés aux apôtres ; mais un des plus urgents est d'y ramener les intelligences. »

La sainteté

Quelle définition donneriez-vous de la sainteté ?

La sainteté est un mot que je n'emploie guère. Chaque fois que j'emploie le mot « sainteté », j'entre en transes, je suis désemparé. Quand je rencontre un pape, que je suis obligé de lui dire : « Votre Sainteté », cela me gêne. A l'exemple des protestants, je pense que personne n'est saint.

Une question qui relève quand même de la sainteté : pensez-vous que les saints, comme l'écrivait Bergson, sont « une machine à faire des dieux » ?

Bergson, à la fin de son ouvrage *Les Deux Sources de la morale et de la religion*, estime en effet que « les saints sont des machines à faire des dieux ». Or, Bergson n'écrivait rien au hasard. Il avait beaucoup réfléchi. Cela me paraît juste ; je pense que la raison la plus profonde pour laquelle le monde existe plutôt que rien, c'est parce que le monde est une immense mécanique pour produire des êtres liés à Dieu : « les saints ». Le monde est un honorable mécanisme où il arrive à chaque instant une multitude d'événements. La raison dernière, le motif final de ces événements, c'est de préparer le royaume de Dieu, c'est-à-dire l'Eglise du Ciel, l'Eglise de ceux que l'on appelle les saints.

La communion des saints.

Ce que l'on appelle, dans le langage ordinaire de l'Eglise catholique, la communion des saints.

Croyez-vous qu'il existe une évolution, une métamorphose de la sainteté à travers les siècles ? Le saint moderne marque-t-il sa différence avec celui du XVIIe siècle, du XIIIe siècle ou du IVe siècle ?

Je crois qu'à l'heure actuelle (on le voit bien avec les fêtes en l'honneur de sainte Thérèse de l'Enfant-Jésus) ce ne sont pas les acrobates du IVe siècle après J.-C. (ces stylites qui pouvaient vivre cinquante ans au-dessus d'une colonne) qui caractérisent la sainteté de nos jours. Ce qui caractérisait la sainteté autrefois, c'était, avec la perfection morale, le prodige : l'ascète qui ne mangeait pas, ne buvait pas et faisait des miracles. Maintenant, ce qu'on préfère dans la sainteté, c'est la sainteté ordinaire, la sainteté humaine, telle que Thérèse de l'Enfant-Jésus l'a pratiquée ; celle qui consiste à ramasser une miette en mettant dans cette humble démarche beaucoup d'amour. Je pense que le concept de sainteté s'est épuré avec le temps ; de nos jours, c'est un concept très pur, qui s'épurera au fil des temps : la condition féminine, par exemple, qui est encore imparfaitement « canonisée », sera prépondérante. Au XXIe siècle, il y aura d'avantages de femmes saintes dans les « procès » en canonisation.

Jésus

Dans un de vos livres, écrit dans les années 1970, Ce que je crois, *vous notez cette confidence d'André Maurois : « Je suis avec Alain, c'est-à-dire que j'admets tout ce qui est dit dans l'Evangile et je lui trouve une vérité humaine et divine, mais qu'on ne me force pas à croire que c'est arrivé. »*

C'est la conception des incroyants : ils admirent la grandeur, la profondeur des paroles de Jésus ; mais ils nient le fond : ce n'est pas arrivé ! C'est un mythe ! Le problème des problèmes est de savoir si Jésus est une réalité ou un mythe. Je vous ai souvent raconté qu'avec le père Teilhard de Chardin, je soulevais cette question. Le père pensait que Jésus était historique, mais que, dans mille ans, Il ne le serait plus ! Comment présenter aux enfants la religion chrétienne s'il y a encore mille ans de séparation ? Comment arrivera-t-on à faire comprendre que Jésus a une réalité historique si l'on est séparé de Jésus même par dix mille ans ? A l'heure actuelle, Jésus est proche : deux mille ans, ce n'est rien. C'est pour cela que le père Teilhard de Chardin s'intéressait peu à Jésus, il s'intéressait au Christ et il voulait, si l'on peut dire, diminuer Jésus pour exalter le Christ. Il pensait en fait qu'il fallait laisser de côté Jésus pour s'intéresser au Christ. Vous savez qu'il appelait le Christ « le point oméga de l'évolution ».

Toujours dans le même ordre d'esprit, vous parlez souvent d'un de vos maîtres, le professeur Couchoud, et vous citez sa réflexion sur l'Evangile : « J'admets tout le credo, sauf le "sub Pontio Pilato". »

Couchoud poussait à l'absurde l'idée que Jésus était un mythe, il notait, il isolait le seul passage du credo où l'on donne une réalité historique à Jésus. C'était typique de sa pensée. Il n'empêche qu'à la fin de sa vie, il avait changé : quand il a été présenté à Marthe Robin.

Sa visite chez Marthe Robin l'a surpris ?

Il est allé voir Marthe Robin à un moment où il voulait étudier la naissance d'une religion. Il pensait que toutes les religions étaient nées autour d'un fait improbable, miraculeux et d'une communauté un peu névrosée. Il voyait dans Marthe Robin le cas typique d'un christianisme à l'état naissant. C'est pour cela qu'il avait voulu la voir.

Quelle a été sa réaction ?

Il est « tombé amoureux » de Marthe Robin. J'ai cité souvent les paroles qu'il employait pour la définir : « Ce que tu ignores, je l'ignore. Ce que tu sais, je voudrais le savoir. Ce que tu pries, il m'en vient une effluve. Ne m'oublie pas, ô vivant ! »

Il a été très influencé, très impressionné par Marthe Robin. Avez-vous revu Couchoud depuis sa visite à Marthe Robin ?

Souvent.

Avait-il changé après cette visite ?

Je suis allé souvent le voir à Vienne. Je suis allé à ses funérailles. C'était dramatique, parce qu'il y avait son cercueil et tout autour, ses fidèles, incroyants absolus. Ils disaient devant moi : « Vous êtes en train de faire un acte immoral : vous enterrez religieusement Couchoud qui est dans ce cercueil, alors qu'il a écrit ce que nous allons vous lire. » Ils m'ont lu un papier, où il y avait : « Si, sur mon lit de mort, des catholiques viennent dire que je me suis converti, je démens d'avance ce qu'ils diront. »

Qu'avez-vous répondu ?

L'inverse (il y avait le cercueil de Couchoud entre nous) : « Vous dites ce que vous pensez, mais j'ai vu Couchoud plusieurs fois et il m'a dit l'inverse de ce que vous prétendez. »

Le papier qu'il avait écrit était-il antérieur à sa conversion ?

Oui, bien sûr, il était antérieur.

Ils étaient donc de mauvaise foi ?

Si j'étais incroyant, je ferai à peu près ce que Couchoud a fait. Je dirai : je suis incroyant et je crains qu'à mes obsèques on n'abuse de moi en disant que j'ai voulu des obsèques religieuses. Maintenant que je suis vivant, je démens tout ce que je pourrais dire à ce moment-là.

C'est-à-dire qu'il aurait pu faire un autre papier, qu'il a peut-être fait d'ailleurs, et dont ses amis n'ont peut-être pas eu connaissance. Finalement il a été enterré religieusement.

C'était dramatique. Je m'étais mis en rapport avec sa famille. Il avait une fille qui m'avait approuvé. J'avais écrit au cardinal archevêque de Paris, pour qu'il me donnât son appui.

A la mort d'Herriot, une scène identique s'est produite.

Je me suis aussi occupé de la mort d'Herriot parce que le cardinal Gerlier, à qui j'étais lié (nous étions parents), m'avait annoncé que Herriot souhaitait être enterré religieusement. Jules Romains, membre de l'Académie française, avait affirmé le contraire.

Cette question de l'enterrement religieux, de la force considérable qu'elle peut avoir au point de devenir un enjeu qui divise les amis, les fidèles du défunt, cette part de surnaturel qu'elle impose aux non-croyants eux-mêmes, m'amène, plus généralement, à vous demander ce qu'il reste des Evangiles lorsqu'on leur enlève ce surnaturel ? Obtient-on un Christ, être parfait divinement adorable, tel que le peignait Renan, ou un être anormal, équivoque, médiocre ?

L'idée que je développe souvent c'est que, dans la logique du problème de Jésus, on est pris entre deux propositions : ou bien Jésus est homme plutôt divin, ou bien c'est un affreux fou. Il n'y a pas de moyen terme. Dans le problème de Jésus, on arrive à un moment où il faut choisir entre zéro et l'infini.

Comment expliquez-vous qu'un homme comme Renan, dont on ne peut mettre en doute la sincérité, ait trouvé dans le Christ Homme quelque chose d'exceptionnel ?

Renan est allé très loin, puisqu'il est allé en Terre sainte. Il est le premier, avec l'Evangile de saint Jean dans la main, à montrer que l'Evangile de saint Jean, considéré comme une fable théologique, avait une réalité historique. Renan a fait beaucoup du point de vue de la crédibilité des Evangiles. Contre Strauss, Feuerbach, contre beaucoup de philosophes allemands de l'époque. De ce point de vue, il est remarquable.

Renan se satisfait du Christ Homme. Il Le trouve parfait. Alors que vous, vous estimez que le Christ est un être anormal, sans Son côté surnaturel.

J'ai fait une *logique* et, dans une *logique*, je me place tantôt à un point de vue, tantôt à un autre. Alors, pour juger de ce que j'ai écrit, il faut voir l'ensemble. L'idée de ma logique, c'est que pour les uns, le Christ est un Homme fait Dieu, pour les autres Il est un Dieu fait Homme. Alors qu'Il est à la fois les deux ensemble. Pour admettre les Evangiles tel quel, il faut avoir la foi. On ne peut accepter les Evangiles que si l'on a la foi. Or personne n'a la foi, si elle n'est pas donnée par Dieu.

Pouvez-vous citer les paroles de l'Evangile, qui vous ont le plus marqué ?

Moi, c'est sans doute dans l'Evangile de saint Matthieu, chapitre XI : L'Hymne de Jubilation [1].

1. *(Mt XI / 25-30)* En ce temps-là, Jésus prit la parole : « Je vous loue, ô Père, maître du ciel et de la terre, d'avoir caché ces choses aux sages et aux prudents, tandis que vous les avez révélées aux petits. Oui, Père, car tel a été votre bon plaisir. Tout m'a été donné par mon Père. Et personne ne connaît le Fils si ce n'est le Père ; et nul ne connaît le Père si ce n'est le Fils et celui à qui le Fils aura bien voulu le révéler. Venez à moi, vous tous qui peinez et portez un fardeau accablant : je vous soulagerai. Prenez sur vous mon joug, et devenez mes disciples, car je suis doux et humble de cœur, et vous trouverez du soulagement pour vos âmes. Car mon joug est doux, et mon fardeau léger. »

C'est un préjugé contraire à l'esprit de la science que de décréter a priori *qu'un fait est impossible. La science n'a progressé qu'en assimilant des expériences qui avaient été décrétées impensables.*

C'est vrai au temps de Pascal pour la pesanteur de l'air, c'est vrai au temps de Newton, lorsqu'il a assimilé la chute d'une pomme à la loi de la gravitation universelle. Pour Einstein, c'est constant. La science progresse à partir du moment où elle explique un fait, jusqu'alors considéré comme impossible.

Tout cela m'amène naturellement à vous demander ce que vous pensez de l'athéisme ; et si vous croyez que c'est une solution désespérante ou une bonne solution ?

De l'athéisme comme tel, c'est difficile. Vous vous rendez compte que, dans la discussion avec Lanzmann, qui est un athée absolu, je me suis trouvé en sympathie avec lui : c'est un mystique. Or, je crois que la plupart des athées sont des mystiques, à qui l'on a dit quand ils étaient enfants : « Dieu a une barbe. » Alors ils disent : « Dieu n'a pas de barbe. » Ils rejettent la religion, à cause de cette querelle sur la barbe. La plupart des athées de notre époque sont des mystiques qui s'ignorent.

Faites-vous vôtre cette pensée de Pascal : « L'athéisme marque une profondeur d'esprit, mais jusqu'à un certain degré seulement » ?

Je la trouve juste.

Pensez-vous que le problème de Dieu relève uniquement de la foi ?

J'ai toujours dit le contraire. Je n'ai parlé de Dieu pendant quatre-vingts ans qu'en tant que philosophe, comme professeur à la Sorbonne par exemple. Je ne parlais pas au nom de la foi, je parlais au nom de la raison, comme Descartes, comme Bergson.

Bergson, Descartes ou Pascal sont des philosophes qui ont la foi.

Quand ils parlent de Dieu, ils laissent la foi dans le placard, ils s'occupent uniquement de la raison.

Et vous, est-ce la raison seule qui vous a amené à la foi en Dieu ?

Il y a plusieurs Guitton, naturellement. Il y a le Guitton historique dans lequel se mêle la religion et puis un autre Guitton... C'est comme en vous, il y a deux côtés, l'être social et le professionnel. Le professionnel en moi, le véritable Guitton, n'a jamais parlé de la foi, il a parlé de la raison et de l'expérience.

Ce qui n'est pas simple...

Ce n'est pas simple. Mes adversaires, qui sont nombreux, diront que ce que je professe est de la théologie démarquée et que je me dis philosophe, mais qu'au fond je suis un théologien.

Et est-ce que ce « théologien » a eu un rôle dans la conversion de Bergson ?

Non. Bergson était entouré de beaucoup de catholiques, en particulier Edouard Le Roy, Jacques Chevalier.

Comment peut-on croire en l'homme sans croire en Dieu ?

C'est le cas de la plupart des gens de notre temps. Par exemple Changeux, un athée qui s'affirme athée au nom de la science.

Dans votre Invitation à la pensée et à la vie *vous dites : « Celui qui a la foi ne vérifie pas, ne palpe pas, ne voit pas. Il nie les apparences contraires. "Ferme les yeux, et tu verras", c'est l'adage et le paradoxe de la foi. Le mystère caché, la bonté et le sens de chaque chose, ne s'atteignent pas par la connaissance seule. Il faut encore un pari raisonnable que tout est bon derrière le mal... Cette assurance est la foi. On voit par là que l'homme ne peut vraiment vivre sans foi, au moins sans foi humaine ; que la foi est vraiment son haleine sans qu'il le sache... La science même vit de foi dans la science. » Ce texte, par son caractère universel, entraîne forcément une autre question : Pourquoi le Notre Père ne pouvait-il pas réunir toutes les religions monothéistes ?*

C'est l'idée des catholiques de notre temps. Ce sont tous ceux qui croient en un Dieu unique. Les musulmans, en particulier, pourraient dire le Notre Père.

Pourquoi pas ? Dans le Notre Père, on ne parle pas du Christ. Cela pourrait être au moins le trait d'union des hommes qui vivent dans l'espérance du Dieu de l'Ancien Testament.

Ce que vous dites est dit d'une manière courante par ceux qui s'occupent d'œcuménisme. Le pape a écrit sur ce sujet, notamment dans l'encyclique *Verbum veritatis.*

Le Notre Père est la prière de l'Ancien Testament. Les juifs et les musulmans acceptent l'Ancien Testament. Les juifs ne connaissent d'ailleurs que l'Ancien Testament. Pourtant, on n'a pas beaucoup avancé dans cette voie depuis deux mille ans.

C'est la voie de tous ceux qui se disent œcuménistes maintenant.

Mais, à l'époque, on ne parlait pas tellement d'œcuménisme.

Oui, mais c'est la voie issue du deuxième concile du Vatican. On a, en trente ans, beaucoup avancé. Je me suis souvenu de ce que Massignon, professeur d'arabe au Collège de France, rappelait les trois vertus théologales et les attribuait de la façon suivante : les catholiques savaient surtout pratiquer la charité ; les juifs, l'espérance puisqu'ils sont toujours dans l'attente du messie ; les musulmans, la foi. En trente ans, on a parcouru mille ans. Et moi qui ai vécu cette période, j'ai parfois peine à reconnaître dans la religion actuelle la religion de mon enfance.

Vous trouvez donc qu'elle s'est trop projetée en avant ?

Je trouve que la religion actuelle diffère en apparence de la religion de mon enfance.

La Vierge Marie

Je voudrais évoquer ces trois personnages qui étaient au pied de la Croix : la Vierge Marie, dont la destinée est unique, saint Jean, « le disciple que Jésus aimait » et Marie-Madeleine, ancienne pécheresse qui a été distinguée par Dieu pour être le premier témoin de la Résurrection du Christ.

Vous citez souvent le prologue de saint Jean : « A ceux qui L'ont reçu, il a donné le pouvoir de devenir enfants de Dieu : à ceux-là qui croient en Son nom, qui ne sont nés ni du sang, ni du vouloir de la chair, ni du vouloir de l'homme, mais de Dieu même », prologue que vous rattachez à la Vierge Marie.

Il n'est pas question de la Vierge dans ce prologue. Mais quand on réfléchit sur le passage où il est précisé que le Christ a rejeté « la volonté de la chair », on ne peut pas ne pas penser à la Vierge.

Et ces paroles prononcées au Golgotha par le Christ s'adressant à sa mère, et désignant saint Jean : « Femme, voici ton fils. »

Ces paroles citées dans l'Evangile de saint Jean sont capitales : il faut concevoir que les premiers chrétiens (puisque cet Evangile a été écrit à la fin du premier siècle) ont considéré que la Vierge survivant au Christ sur la Croix, représentait de nouveau la vie.

Vous dites : « Chez saint Jean, toute l'essence de la mariologie est présente. »

Dans l'Evangile de saint Jean, il y a des souvenirs particuliers, qui ne sont pas dans les « synoptiques » : saint Jean a été pendant longtemps un témoin privilégié. Puis il a « reposé sur le Cœur de Jésus ». Il a été aussi un grand théologien : il a réfléchi sur les faits pour en chercher l'ultime signification.

Saint Jean a donc deux caractères : d'être un témoin, d'une part, des petits faits ignorés de la vie de Jésus ; d'autre part, d'être un philosophe, un théologien, un mystique, qui a réfléchi sur le sens éternel des paroles. Il occupe tout le terrain : celui des humbles et celui des plus grands mystiques. De ce point de vue-là, je ne vois aucun théologien, aucun apôtre, qui lui soit comparables.

Comment voyez-vous, dans le même esprit, le personnage de Marie-Madeleine, ancienne pécheresse convertie ?

Le personnage de Marie-Madeleine sur lequel vous m'interrogez est presque romanesque : il semble que le Christ a voulu qu'une femme fût le premier témoin de sa Résurrection et aussi que cette femme fût une ancienne « pécheresse ». C'était d'autant plus remarquable que le Christ, dans les témoins de sa Résurrection, eût choisi non pas une femme ordinaire, mais une femme extraordinaire dans le domaine du péché.

Comment expliquez-vous la conversion de Marie-Madeleine ?

Je trouve une explication à cela dans l'épisode de « Marthe et Marie » qui, autrefois, était l'Evangile de l'Assomption. Jésus dit : « Marie a choisi la meilleure part, elle ne lui sera pas ôtée. »

Et Marie-Madeleine...

Il est probable que Marie-Madeleine, après avoir beaucoup péché, a été exemplaire.

Ne croyez-vous pas que Marie-Madeleine, lors de sa conversation, ait aimé le Christ de façon « platonique » ?

Je ne me suis jamais posé cette question. Il est certain que Marie-Madeleine, comme plusieurs femmes, devait être frémissante, vibrante. Quand elle a vu Jésus pour la première fois, dont on nous dit qu'Il était le plus beau des enfants des hommes, il est vraisemblable que Marie-Madeleine a eu pour Lui un sentiment très proche de ce que nous appelons l'amour. Ce sont des questions que je n'ai pas approfondies et qui sont presque interdites...

Il n'est pas choquant de penser que Marie-Madeleine ait aimé le Christ d'une façon toute platonique, d'une sorte d'amitié amoureuse.

Naturellement. Mais je préfère l'imaginer, dans son indicible, telle que votre père a pu la représenter dans un de ses poèmes [1].

1. Quand, pleurant ses péchés, courbant sa nuque blonde,
Celle qui vous aimait n'osait lever les yeux
Vers Vous, que pensiez-Vous, Seigneur, Maître du monde,
Quand Vous la regardiez, grave et silencieux ?

Peut-être songiez-Vous à la beauté des choses
Telles Vous les créez au seuil de nos désirs,

Dans votre livre sur la Vierge Marie, vous notez : « Verlaine, Léon Bloy, Péguy ont peut-être plus fait que les théologiens pour faire connaître la Vierge Marie au public. »

Oui, d'autant plus que, à notre époque, on ne lit pas beaucoup les théologiens ; alors qu'on lit Verlaine, on lit Péguy, on lit Bernanos et Léon Bloy. La mode aujourd'hui est de faire enseigner la théologie par les laïques et souvent les laïques en apparence les plus éloignés. C'est une question de mode.

Ne croyez-vous pas aussi que par leur style, leurs idées, leur présence ces écrivains dont vous faites partie, ont aidé à mieux faire connaître un personnage qui n'est pas très facile à comprendre ?

En un certain sens la Vierge est la personne la plus facile à comprendre : notre religion, si on la regarde surtout du dehors, est une religion où la femme a un très grand rôle. Certains de mes amis me disent que la religion, la religion véritablement vécue, est une religion où l'on honore surtout la Vierge : une femme est toujours plus vivante, plus frissonnante, plus honorée qu'un homme. D'aucuns pensent d'ailleurs que les siècles à venir seront des siècles où la femme jouera

Aux vierges ingénues, aux fleurs à peine écloses,
Hélas si tôt fanées au feu de nos plaisirs...

Mais un rêve est en nous, astre perçant les brumes :
Redevenir un jour les enfants que nous fûmes,
Retrouver à jamais les paradis perdus...

Et que resterait-il de cette humble espérance
Si Vous n'aviez, Seigneur, connu notre souffrance,
Quand Marie-Madeleine embrassait Vos pieds nus ?

in Au gré du vent, en cours d'édition, avec une préface de Jean Guitton.

un plus grand rôle. Toutes ces raisons regardées séparément et rassemblées font que, peut-être, l'heure de la femme n'a pas encore sonné.

Vous rappelez toutefois que : « Nul n'égalera sans doute les accents et la pensée de saint Anselme, de saint Bernard, de saint Bonaventure et de saint Thomas » s'exprimant sur la Vierge Marie.

Parce que j'ai l'idée (que vous avez lue dans ce livre sur Marie), que ceux qui ont le mieux parlé de la femme sont des hommes, et non des femmes. Je crois que l'homme est beaucoup plus sensible que la femme à la sublimité de l'être féminin. Il m'a paru que les grands docteurs de la Vierge Marie sont saint Jean l'Evangéliste, saint Anselme et d'autres docteurs qui appartiennent à la masculinité.

Sainte Thérèse de l'Enfant-Jésus disait : « Pour qu'un sermon sur la Sainte Vierge porte du fruit, il faut qu'il montre sa vie réelle, telle que l'Evangile l'a fait entrevoir et non pas sa vie supposée. »

J'ai cité cette pensée dans mon livre sur la petite Thérèse. Elle disait souvent que, pour qu'un sermon sur la Vierge porte des fruits, il ne faut pas « raconter d'histoires » ; il faut dire la vérité telle qu'elle est dans les Evangiles ; telle qu'on se la représente soi-même. Thérèse de l'Enfant-Jésus, à la différence des femmes de son époque, avait un sens scrupuleux de ce que nous appelons la vérité historique, la vérité scientifique, la vérité concrète. De ce point de vue-là, elle était en avance de cinquante ans sur son temps.

Vous dites aussi : « La Vierge est aussi bénie entre toutes les femmes, et sans doute, toutes les femmes sont bénies en elle. »

La Vierge, on peut la considérer de deux manières très différentes : d'une part, comme une personne unique en son genre, plus qu'unique, puisque Jésus-Christ n'a eu qu'une mère. Dans la théologie, dans la mystique, dans la pensée catholique, on s'aperçoit de plus en plus que la Vierge est incomparable, non comparable, unique en son genre ; d'autre part, en même temps qu'elle est unique, elle est représentative de toutes les femmes. On peut dire que, dans la Vierge, toutes les femmes se contemplent, en quelque sorte, elles-mêmes, comme dans un miroir. Elle a ses deux caractéristiques excessivement opposées d'être unique et en même temps innombrable puisqu'elle s'étend par la ressemblance à toute l'humanité féminine et, par extension, masculine.

Au moment de l'Annonciation, la Vierge dit : « Je ne voulais pas connaître d'homme, mais que les desseins de Dieu soient ! »

Oui, dans la scène de l'Annonciation il y a deux choses très différentes : la première, l'annonce que la femme en question, du nom de Marie, sera la mère du Messie, Messie qui depuis des siècles est attendu par les juifs ; la seconde, l'annonce que la mère du Messie, à la différence de toutes les autres femmes, sera vierge ; ce qui n'était attendu par personne, surtout dans l'Ancien Testament où la virginité était peu célébrée. Il y a donc, dans le mystère de l'Annonciation, ces deux vérités. Et, chose extraordinaire, on voit la Vierge hésiter à accepter l'honneur sans pareil qui lui est proposé, parce qu'elle veut garder sa virginité ; de sorte qu'elle met la virginité au-dessus de toutes les autres qualités possibles. Il est surprenant de voir le prix qu'une femme qui est juive (qui, par conséquent, attend le Messie d'après les modes ordinaires de la procréation) veuille en même temps rester vierge ; elle demande une espèce de miracle particulier en sa faveur : le miracle de la virginité dans la maternité.

D'ailleurs Joseph le « juste » ne comprend pas cette situation et veut rompre secrètement.

Joseph voyant que sa femme est enceinte a le désir de la renvoyer discrètement.

Quand Joseph comprend-il ce mystère ?

Pour bien entendre cela, il faut connaître les usages hébraïques. Aux yeux des juifs de ce temps, il y avait deux moments différents dans le mariage : celui où le mariage était annoncé et consommé, et le moment où il était déclaré publiquement. Dans le premier moment, Marie était enceinte, mais en un certain sens, personne ne le savait dans son entourage. C'est alors que Joseph se décide à la renvoyer ; en secret, pour éviter le scandale.

Au-delà de tout cela, il y a aussi le mystère de la conception sans péché.

Le problème du péché originel, dans la descendance d'Adam ne se pose pas au moment où les Evangiles sont écrits : c'est un problème qui s'est présenté plus tard, quand la théologie catholique s'est développée au Moyen Age et surtout au XIXe siècle, quand fut définie l'« Immaculée Conception ».

Comment expliquez-vous l'indépendance de Jésus vis-à-vis de ses parents.

Dans les Evangiles, Jésus est représenté comme indépendant de ses parents ; en particulier dans la scène fameuse où Jésus est retrouvé au temple, enseignant les docteurs. A partir de ce moment, les parents de Jésus comprennent qu'ils sont en présence d'un enfant hors du commun, d'un enfant qui, avec Dieu, a des rapports privilégiés.

Comment expliquez-vous l'expression du père Braun, un dominicain, pour qui la Vierge serait la nouvelle Eve ?

Cela a été dit autrefois. Quand on lit l'Ecriture d'une manière symbolique, on voit qu'au début de l'espèce humaine sur cette planète, il y a deux personnages appelés Adam et Eve. Quels sont les êtres qu'ils ont préfigurés ? En même temps qu'ils étaient eux-mêmes, ils étaient la figure d'êtres futurs. Alors, quand on se pose cette question des êtres dont Adam et Eve ont été la figure, on pense naturellement à Jésus et Marie. Tout cela se trouve dans le fameux chant : « Ave » qui veut dire : « Salut ». C'est au fond la même chose que « Eva » qui veut dire : « Femme ».

De même qu'on a dit que le Christ était le nouvel Adam, par analogie on dit que la Vierge est la nouvelle Eve.

Mais les lettres qui composent le mot Christos ne permettent pas le même calembour, tandis qu'Eva se transforme naturellement en Ave.

Peut-on parler de l'Immaculée Conception ?

Quand je parle de l'Immaculée Conception à certains de mes amis je m'aperçois qu'ils pensent que l'*Immaculée Conception* signifie la *conception virginale.*

Ils ne sont pas les seuls à faire cette erreur.

La conception virginale signifie que pour la foi catholique, la Vierge a conçu sans l'intervention de Joseph, par elle-même et, d'une manière plus profonde, par l'opération du Saint-Esprit. L'Immaculée Conception, c'est autre chose. Cela signifie que la Vierge a été préservée de ce en quoi nous sommes tous atteints, à savoir la succession du péché qu'on appelle le péché originel. Pour la foi catholique nous naissons sans la grâce. Dans ces conditions-là, nous avons besoin d'une renaissance, et cette nouvelle naissance, elle nous est donnée dans l'Eglise catholique par ce sacrement qu'on appelle le baptême. S'agissant de la Vierge, l'idée catholique, c'est qu'elle n'a pas besoin d'être baptisée : elle a été baptisée avant le baptême, étant donné que dans la prédestination elle était destinée à être la mère du Messie, elle était exempte de ce qu'on appelle la « faute originelle ».

Le culte de la Vierge est extraordinaire. Est-ce parce que la Vierge est un être humain, qui n'est pas surnaturel ? Et beaucoup peut-être ont le sentiment que la Vierge Marie pardonnerait des fautes humaines que Dieu pardonnerait plus difficilement. Du moins se l'imagine-t-on ?

Une des raisons constante de la dévotion à la Vierge est la suivante : quand on a la Vierge avec soi, on est lavé de tous les péchés ; de sorte que l'amour de la Vierge, la dévotion à la Vierge, sont une assurance contre les châtiments qui sont les conséquences du péché. Ce que vous dites correspond à l'idée qui est latente chez la plupart des gens que le culte de la Vierge, la dévotion pour elle sont des assurances de la Rédemption.

Vous écrivez : « Je me suis souvent demandé où gîtait cette difficulté du seuil, qui empêche l'esprit humain de donner un assentiment personnel et profond aux dogmes concernant la Vierge, bien qu'on les admette sur la foi de l'Eglise. »

Les esprits critiques, quand ils lisent un traité de théologie sur la Vierge, et qu'ils observent des croyants à la Vierge, ont l'impression qu'ils sont en présence de gens superstitieux. Pour beaucoup de nos contemporains, et je l'ai remarqué souvent parmi nos amis, le fait d'annoncer qu'on est dévot à la Vierge, c'est affirmer qu'on est un esprit porté aux superstitions. Etre dévoué à la Vierge, dire son chapelet en public à notre époque, c'est quelque chose de difficile quand on vit dans un milieu porté à l'incroyance.

Tout de même, la prière est avant tout un acte de foi.

Pour vous, bien sûr. Moi je me présente comme étant mêlé à des incroyants de notre temps.

Vous intitulez un de vos chapitres sur Marie, « La Vierge, comme éternelle adoratrice ».

Je pense que la Vierge a toujours été dans une attitude analogue à ce que nous appelons l'adoration et qui va au-delà de la prière. On ne voit plus beaucoup de fidèles qui « adorent le Saint-Sacrement ». On a l'idée que l'attitude qu'on appelle l'adoration est la forme la plus excellente de ce qu'on appelle la prière : ce n'est pas une demande, c'est une sorte d'extase.

Vous observez aussi : « L'idée d'une médiation de Marie est comprise dans la notion même de Marie, qui est une intermédiaire entre le Christ et les hommes. »

Cela revient à l'idée que j'ai exprimée plus haut : on s'adresse plus facilement à la Vierge car on sait qu'elle est une femme, un être humain.

Vous savez qu'au concile Vatican II, l'idée de la médiation mariale a fait l'objet de débats passionnés : l'idée du concile était de parler un langage accepté des protestants ; or, pour un protestant, la dévotion à la Vierge ne s'explique pas ; elle est condamnable : le culte de la Vierge, pour un protestant, c'est la dévotion à un être qu'on invente comme intermédiaire. Pour un protestant, il n'est pas d'intermédiaire : on va à Dieu directement. Au concile, pour ne pas faire de peine à nos frères protestants, nous avons atténué plus ou moins l'idée de la dévotion mariale.

Le cardinal de Bérulle écrivait : « La liaison que Jésus a avec les personnes divines est éternelle ; celle qu'il a avec la Vierge est nouvelle, et même depuis peu, mais elle sera pour toute l'éternité. Cette Vierge sacrée est et sera toujours mère de Jésus. Cette qualité est aussi bien dans le ciel que sur la terre, et il honorera éternellement cette qualité de Mère de Dieu en elle. »

Quand on lit les œuvres complètes de Bérulle, on voit que ce prélat a été un des grands théologiens de l'Incarnation et, par conséquent, de la Vierge. On est en train de republier ses œuvres. Bérulle n'a cessé de dire que le Christ aurait pu apparaître sans être fils d'une femme ; que, le fait que le Christ soit sorti du sein de sa mère est le mystère de l'Incarnation qu'on devrait méditer sans arrêt. Il avait même conçu qu'il fallait prononcer des vœux spéciaux « de servitude à l'égard de la Vierge », vœux qui lui ont causé quelques ennuis avec les théologiens de son temps.

Comment envisagez-vous les relations de la Vierge à l'œuvre de la Rédemption ?

L'idée de Rédemption, c'est l'idée qu'il appartient à certains êtres privilégiés de souffrir, de donner leur vie pour que Dieu pardonne au pécheur : l'image atténuée de ce qu'a fait le Christ pour sauver les hommes du péché. De ce point de vue-là, on peut affirmer que la Vierge est rédemptrice au plus haut degré, à tel point que certains théologiens de notre temps désirent la faire définir comme « corédemptrice ». J'ajoute que pour celui qui connaît Marthe Robin, l'idée que la Vierge est corédemptrice n'a rien d'étonnant : Marthe Robin est typiquement « corédemptrice ».

Parlez-moi de l'Assomption.

L'Assomption est une conséquence qu'on a tiré théologiquement (c'est-à-dire par la réflexion, par la déduction, par la logique), de la comparaison de la Vierge et du Christ. On a pensé qu'il devait y avoir entre eux une grande ressemblance. Or quand on étudie la vie du Christ, on voit qu'elle se termine par un phénomène qu'on appelle l'Ascension : le Christ a quitté cette terre d'une manière divine et on l'a vu disparaître dans les nuées du ciel. Comme on pense que la Vierge a pu reproduire ce qui est arrivé au Christ, les théologiens, les mystiques, ont déduit (bien qu'on n'en eût pas la preuve), qu'il fallait logiquement considérer que la Vierge, à la fin de sa vie, a été assumée aux cieux. Une preuve indirecte vient de ce qu'on n'a retrouvé dans aucun pays un tombeau de la Vierge. Ni à Ephèse, ni à Jérusalem, ni à Antioche, ni à Rome, on n'a découvert un temple ou une chapelle directement dédiés au tombeau de la Vierge. On a fait une découverte très curieuse d'une chapelle retrouvée à une vingtaine de kilomètres d'Ephèse, qui correspond à la prédiction ou à la vision qu'aurait eues une amie de la Vierge appelée Catherine Emerich. Mais là, c'est une autre histoire...

Que pensez-vous de la Vierge à travers les apparitions ?

Je pense que toutes les apparitions doivent être soumises à la critique : les apparitions peuvent être une illusion ; il est important, toutes les fois qu'il y a une apparition quelque part, qu'une autorité ecclésiastique intervienne pour savoir si vraiment, il s'agit d'une apparition véritable, ou d'une apparition subjective.

« Jadis, dites-vous, dans la définition du mariage et de ses fins, on mettait en relief le devoir de la descendance, l'apaisement du désir. » Comment les tendances ont-elles pu s'infléchir en notre siècle où la condition féminine s'est considérablement développée et quelle est l'influence de la Vierge sur cette évolution ?

Il est bien certain que ce qu'on appelle la virginité c'est-à-dire le renoncement à la vie sexuelle, et la chasteté c'est-à-dire la règle d'ascèse observée dans la vie sexuelle, sont des phénomènes qui ne sont pas faciles à pratiquer par la nature humaine ; surtout à notre époque, où la sexualité est devenu un culte. De ce point de vue-là, on peut dire que la Vierge est une éducatrice incomparable : elle nous donne des exemples (et nous espérons qu'elle nous donne aussi des forces) pour pratiquer ce que nos contemporains ne pratiquent plus. Un de ces jours, il faudra que l'humanité redécouvre la continence ; lorsqu'elle redécouvrira cette énergie spirituelle, dans les siècles à venir, ce sera sous l'influence de la Vierge.

C'est pourquoi je suis heureux d'avoir terminé nos entretiens sur cette évocation, sur l'évocation de la figure de Marie. Car cette énergie spirituelle, qui peut se traduire de mille façons et bien au-delà de cet aspect particulier qu'est la continence, cette énergie est à recouvrer par l'humanité. Comme je l'ai dit, le siècle à venir ne ressemblera à rien de ce dont nous avons l'habitude, il ne sera pas le décalque en mieux ou en pire de ce que nous connaissons. Il posera des problèmes nouveaux, intégralement nouveaux. Dans le même temps, certaines des « solutions », des réponses que notre siècle a cru apporter ont fait long feu et s'effondrent déjà devant nos yeux. Puis, plus profondément – et je ne songe pas ici seulement à l'Eglise –, la vérité perdure derrière et au-delà du changement, au-delà des événements petits et grands, heureux ou tragiques qui font la trame de nos jours, de notre histoire au quotidien. Par-delà ces années et ces drames, par-delà ces décennies, bien au-delà de la vie d'un homme, il est autre chose. Et cet autre chose, qui veut tendre malgré tout vers le bien, aura grand besoin d'être vivifié et éclairé. Alors, l'énergie spirituelle, la force qu'il faudra à l'humanité, elle pourra la retrouver par le modèle, par la protection et par l'influence de la grande « corédemptrice », la Vierge Marie.

Remerciements

Nous remercions ceux et celles qui nous ont aidés, notamment :

Madame Philippe-Gérard d'HARCOURT
Madame Jean MAROT
Général Anne-Marie MEUNIER
Général Marc MONCHAL
Monsieur Roland PELLEGRINO
Madame Hervé de TREGLODE

Table des matières

TROISIEME PARTIE
Repères pour demain

Achevé d'imprimer en décembre 1995
sur système Variquik
par l'imprimerie Sagim
à Courtry
pour les Editions Bartillat

–

Composition :
D.V. Arts Graphiques
28700 Francourville

Imprimé en France

Dépôt légal : décembre 1995
N° d'édition : 153 – N° d'impression : 1505
ISBN 2.84100.075.3